Monika Bittl

Frauen lügen nie und werden höchstens 39

Down-Aging für Anfängerinnen

KNAUR

Besuchen Sie uns im Internet:
www.knaur.de

FSC
www.fsc.org
MIX
Papier aus ver-
antwortungsvollen
Quellen
FSC® C083411

Originalausgabe Dezember 2019
Knaur Taschenbuch
© 2019 Monika Bittl
© 2019 Knaur Verlag
Ein Imprint der Verlagsgruppe
Droemer Knaur GmbH & Co. KG, München
Alle Rechte vorbehalten. Das Werk darf – auch teilweise – nur mit
Genehmigung des Verlags wiedergegeben werden.
Covergestaltung: ZERO Werbeagentur, München
Coverabbildung: Cindy Fröhlich
Illustrationen im Innenteil: Shutterstock.com
Satz: Adobe InDesign im Verlag
Druck und Bindung: CPI books GmbH, Leck
ISBN 978-3-426-79067-0

2 4 5 3 1

Meiner Mama

Ähnlichkeiten mit lebenden
oder mit mir lebenden Personen
sind rein zufälliger Natur.

Inhalt

Vorwort

Uns Frauen ab vierzig macht keiner mehr was vor – aber wir können anderen etwas vormachen! Wir wissen, dass wir großartig sind, auch wenn der Spiegel manchmal anderer Meinung ist und unter »neuen Entfaltungsmöglichkeiten« etwas anderes versteht als wir selbst. Älterwerden ist nichts für Anfängerinnen – da sind schon coole Profis gefragt!

Ab vierzig sind wir schlau genug, um andere nicht mehr mit rücksichtslosen Wahrheiten vor den Kopf zu stoßen. Wo ich vor zwanzig Jahren noch Grundsatzdebatten darüber führte, warum die Hausarbeit zwischen Partnern 50:50 geteilt gehört, stehe ich heute zwar auch noch zu dieser Forderung, aber ich verfolge sie wesentlich pragmatischer mit anderen Mitteln. Ich sage nicht mehr: »Am System wird sich nie etwas ändern, wenn die reproduktive Arbeit weiter nur den Frauen überlassen wird!«, sondern vielmehr geheimnisvoll lächelnd: »Schatz, bring doch bitte den Müll noch weg, dann kann ich noch ins Bad, und so haben wir für aufregendere mehr Zeit ...«

Früher hätte ich mir für so einen Satz lieber die Zunge abgebissen. Heute denke ich: »So what?« Muss ich hier privat in meiner Beziehung wirklich die ganze Emanzipation im Kleinen noch mal durchkämpfen? Erspare ich mir nicht Stunden (wenn nicht Tage!) an Diskussionen, wenn ich nur mal schnell in die Trickkiste meiner lebensklugen Oma greife? Denn die Generationen von Frauen vor uns verstanden sich darauf, mit weiblicher Raffinesse einfacher ans Ziel zu kommen. Sie wussten: »Wenn Lügen kurze Beine haben, dann zieh ich eben Stöckelschuhe an!« Wir heute haben hingegen Skrupel, mit High Heels zu bestimmten Zielen zu gelangen.

Wir sind die erste Generation von Frauen, die nicht mehr mit Maschen (oder gar sexy gefakten Laufmaschen) hantieren *müssen*. Stattdessen können wir Männern ganz offen an den Kopf knallen: »Wenn du dich weiter so als Macho aufführst, bin ich morgen weg!« Wir können Kinder alleine aufziehen, uns scheiden lassen und sogar Bundeskanzler werden. Wir sind selbstbewusst genug geworden, um uns weder von einem System noch von einem einzelnen Mann einschüchtern zu lassen. Frauen ab vierzig wissen: Wir haben die Wahl, mit einem Partner zu leben oder fröhlicher Single zu bleiben. Wir können Karriere machen, einen esoterischen Weg ins Nirwana suchen oder auf Malle einen Ökoladen eröffnen. Rein theoretisch stehen uns alle Wege offen.

Nicht nur in Bezug auf den Partner haben wir uns emanzipiert und die Rolle der »schwächeren Hälfte« aufgegeben. Wir wissen um das Gendergap im Büro und trauen uns – für frühere Generationen undenkbar –, unverschämte Gehaltsforderungen an den Chef zu stellen oder uns einfach selbstständig zu machen, nachdem wir die Löhne von Männern und Frauen verglichen haben. Wir verdonnern unsere Söhne tendenziell zu mehr Hausarbeit als unsere Töchter und stehen im Zweifel bei einer Rentendiskussion auf der Seite unserer Mütter und nicht unserer Väter. Wir pfeifen auf die Meinung unserer Nachbarn und machen unser Selbstbewusstsein nicht von einer sozialen Kontrolle abhängig, die uns vorschreiben will, wie wir zu leben hätten. Alles richtig, alles gut so. Noch besser aber: Um für diese Haltung einzustehen, verschwenden wir unsere wertvolle Zeit nicht nervenaufreibend in privaten Grabenkämpfen, sondern wissen, dass wir pragmatisch schneller ans Ziel kommen. Denn das Ziel, um das jede Frau ab vierzig mehr oder weniger bewusst weiß, heißt: Ich will jeden Tag so glücklich wie möglich verbringen, weil mein Leben die Summe meiner verbrachten Tage ist. Und jeder miese Tag wird in dieser Bilanz abgezogen.

Eine Frau von vierzig Jahren ist rein statistisch gesehen heute in Europa etwa in der Mitte des Lebens angekommen. Die erste Halbzeit ist vorbei – dieser brutalen Erkenntnis stellen wir uns gefühlt meist erst etwas später, denn unser Unterbewusstsein lässt uns noch eine Weile Zeit, so zu tun, als hätten wir noch die alten Kräfte und wachten nach einer durchgefeierten Nacht nicht mit Augenringen wie ein Pandabär auf. Wenn uns dann aber endlich dämmert, dass die zweite Lebenshälfte längst begonnen hat, leben wir voll nach dem Motto: »Erst die Jugend, dann das Vergnügen.«

Meist wissen wir nun endlich, was wir wollen. Wir treffen uns nicht mehr mit Leuten, die uns langweilen, wir vergeuden unsere Minuten nicht mehr mit sinnlosen Diskussionen mit doofen Kollegen. Wir erwarten keinen Dank mehr für »Aufopferungen« für die Familie – stattdessen wissen wir, dass unsere Familie mehr von uns hat, wenn wir uns mit einer Tasse Dufttee und einem guten Buch eine Auszeit in der Badewanne gönnen und so »vollgetankt« bei uns selbst sind, auch wenn der Mann an unserer Seite unterdessen die Küche mit seinen neuen Kochkünsten in Schutt und Asche legt. Auch wenn die Kinder heimlich glotzen und gamen, weil wir zu erschöpft sind, um sie mal wieder an die Hausaufgaben zu erinnern. Auch wenn der Chef behauptet, ohne unsere Überstunden ginge die Firma pleite. Wir sind keine Mädchen für alles mehr, sondern erwachsene Frauen, die nicht mehr alles mit sich machen lassen. Wir suchen uns die Fehler, die wir machen wollen, selbst aus. Manchmal denke ich: »Im nächsten Leben komme ich gleich als Vierzigjährige zur Welt.«

Jetzt haben wir verstanden, dass wir zuerst auf uns selbst schauen müssen, damit wir und in der Folge auch andere glücklich werden. Wir haben die Reihenfolge und endlich den entscheidenden Zusammenhang kapiert: Zuerst muss es *mir* gut gehen, *ich* muss glücklich sein, nur dann kann ich auch anderen etwas geben und sie glücklich machen. Liebe dich selbst – dann können dich andere gernhaben!

Nachdem wir im Zuge der Frauenemanzipation gelernt haben, mit harten Bandagen in den Boxring zu steigen und zu kämpfen, besinnen wir uns jetzt wieder auf alte »Tugenden« der weiblichen Raffinesse, die das Leben enorm erleichtern. Wir setzen nicht mehr auf Teufel komm raus zu einem Haken an, sondern bemühen bisweilen doch mal wieder einen kleinen Trick, um uns die Nase nicht blutig zu schlagen. Dank der Kämpfe der Frauengenerationen vor uns müssen wir uns nicht mehr beweisen, eine emanzipatorische Kondition zu haben – auch wenn wir natürlich über sie verfügen. Aber wir wissen, wann und wo wir uns verausgaben oder wo wir uns das Leben einfach gemütlicher machen. Wir haben keine Angst mehr vor mächtigen Männern und gelernt, uns durchzusetzen gegen alle Widerstände. Aber wir fragen uns auch plötzlich: Ist es das auch wirklich wert? Muss ich mir wirklich alles erkämpfen? Komme ich nicht effizienter ans Ziel?

»Very tricky«, bemerkte mein Sohn eines Tages, als er be-
obachtete, wie ich meinen Mann dazu brachte, dass er
»freiwillig« die Küche putzt. Ich hatte erneut mit der Einstellung einer Putzfrau gedroht, deren Bezahlung ihn
monatlich teuer zu stehen kommen würde, denn selbstverständlich habe ich die Rechnung nur mit seinem Einkommen aufgemacht. Mein erwachsener Sohn quittierte
dies mit Hochachtung, betrachtete mich fortan erst recht
als »starke Frau«, die ihre Ziele durchsetzen kann. Da klin-
gelte etwas in mir: Männer respektieren uns sogar mehr,
wenn wir mit weiblichen Waffen unsere Ziele erreichen –
falls sie unsere Taktik überhaupt verstehen.

Abgesehen von ein paar weiblichen Überfliegern muss
eine Frau heute aber meist erst ein paar Jährchen anhäufen,
um so souverän über ihr Arsenal verfügen zu können. Je
nach Situation greift sie entweder zum Degen – »Ohne
Gehaltserhöhung kündige ich!« – oder zu einem tiefen
Ausschnitt im Kleid und einer Säuselstimme: »Ach, ich
arbeite so gerne hier, aber leider weiß ich nicht, ob ich mir
das noch weiter leisten kann …«

Im Weg steht uns dabei eigentlich nur unser schlechtes
Gewissen, scheinbar so »fies« zu sein, zu schummeln, so
taktisch vorzugehen oder gar zu lügen. Das ist neu für unsere Zeit, denn früher wurden Taktik, Schummeln und
höfliches Vorgehen sogar zur »Kunst« erklärt, zur »Verstellungskunst«, die seiten- und buchweise abgehandelt
wurde. Nicht nur mit Blick auf die Frauen, sondern auch
auf die Männer. Epochen vor uns hegte kaum jemand
Zweifel daran, dass »Verstellungskunst« das soziale Miteinander extrem erleichterte. Keinem Menschen bei Verstand wäre damals in den Kopf gekommen, »authentisch
sein« als Wert zu sehen. Unser Zeitgeist raunt uns hinge-

gen unaufhörlich zu, wir müssten immer wir selbst und »bei uns« sein. »Ungefilterte Gefühle«, die wir »rauslassen müssen«, gelten als Mittel der ersten Wahl, zu einem persönlichen Lebensglück zu finden.

»Wie bitte?«, hätten sich die Leute damals gefragt. »Es ist doch barbarisch, jemanden vor den Kopf zu stoßen, indem man ihm offen sagt, was für ein unmöglicher Mensch er ist!« Es galt unter halbwegs gebildeten Ständen als ethisches und moralisches Gebot, den anderen immer das Gesicht wahren zu lassen. Höflichkeit als wertschätzende Umgangsform hieß das größte soziale Gebot.

Heute werden Schummeleien, Taktik und Lügen generell verteufelt – aber jeder »sündigt« trotzdem täglich. Männer übrigens mehr als Frauen. Und zwar nicht »ein wenig mehr«, sondern laut Statistik fast doppelt so häufig. Nach einer Untersuchung des Science Museum in London mit 300 befragten Personen flunkern Männern etwa 1100-mal im Jahr, Frauen rund 700-mal. Dabei ist Lüge nicht gleich Lüge. Es lässt sich unterscheiden zwischen Notlügen, kleinen Lügen und Lebenslügen. Die Grenzen sind natürlich fließend. Interessanterweise geben die meisten Menschen an, zuweilen aus Höflichkeit zu lügen, um einen anderen Menschen nicht unnötig zu verletzen.

Das deckt sich mit einem verschüttgegangenen Wissen, wie es etwa Baltasar Gracián in *Handorakel und Kunst der Weltklugheit* schon im 17. Jahrhundert beschrieb, wenn er beispielsweise erläutert, wie wir andere nicht »alt aussehen« lassen, indem wir unsere Vorzüge nicht so ganz eitel zur Schau tragen, sondern uns mit unauffälligen Lügen etwas unbedarfter geben, als wir sind. Denn die Klügere kann sich dumm stellen – umgekehrt ist das etwas schwieriger. Und die Souveränen unter uns beantworten unhöfliche Fragen nach dem Alter einfach ironisch und augenzwinkernd mit: »Frauen lügen nie und werden höchstens 39.«

In manchen Fällen – um das mal klar einzuwerfen – gilt es aber auch nur, die Wahrheit zu sagen. Nämlich immer dann, wenn es ernst wird, wenn es um Eingemachtes geht. Im Job, in der Partnerschaft, in der Freundschaft. Aber Eingemachtes kommt bei uns nur in Krisen und eher selten auf den Tisch. Die moralische Frage, die jedoch fast täglich verhandelt wird, ist doch vielmehr: Wie respektvoll gehe ich mit anderen im Alltag um? Und Respekt vor den anderen Menschen heißt beispielsweise, einen Kerl, mit dem man leider unter zu viel Alkoholeinfluss eine Nacht verbracht hat, *nicht* am nächsten Tag per SMS wissen zu lassen: »Junge, das mit uns war ein Irrtum. Du bist nicht gut im Bett. Vergiss es!« Sondern vielmehr, sich dezent zurückzuziehen und die Bekanntschaft noch länger im Glauben zu lassen, doch eine Wucht in der Kiste gewesen zu sein. Meldet er sich nach ein paar Tagen, um locker-flockig (die Absichten sind klar) ein Date zu vereinbaren, schützen wir Zeitmangel vor oder geben uns zickig oder kompliziert oder immer noch unter dem Eindruck von »alten Beziehungsproblemen«. Das Gegenüber kriegt damit die Chance, *uns* als das Problem zu sehen und nicht sich selbst. Das wird seinen weiteren Lebensweg erleichtern. Wir handeln somit rücksichtsvoll und voller Respekt dem anderen gegenüber, wenn wir nicht auf seinem Selbstbewusstsein herumtrampeln.

Manche von uns stellen jetzt fest, dass sie glattweg lügen, wenn sie eine Migräne vortäuschen, nur weil sie keinen Bock auf Sex mit dem Partner haben. Wir gehen nach einem an Wahnsinn grenzenden Schuh-Einkaufs-Flash Diskussionen um das Budget des gemeinsamen Familienhaushalts aus dem Weg, indem wir einfach behaupten: »Die Schuhe waren reduziert!«

Kleine Schummeleien erhalten nicht nur die Liebe, sondern auch die Freundschaft. Wir sagen zur besten Freundin, die völlig übertrieben geschminkt ist, wenn sie nervös zu einem Parship-Treffen aufbricht und es höchst eilig hat: »Du siehst umwerfend gut aus« – denn es bliebe keine Zeit mehr für neues Make-up.

Höflichkeiten und kleine Schummeleien haben nicht nur im Alltag eine erstaunlich befreiende Wirkung. Sie ermöglichen uns sogar noch mehr – nämlich ehrlich zu sein, wenn es wirklich darauf ankommt. Wer andere nie unnötig verletzt, kann schließlich viel mehr auf deren Wohlwollen stoßen, wenn bisweilen doch eine unbequeme Wahrheit auf den Tisch kommen muss.

Und nein, nichts soll zurückgeschraubt werden, bloß nicht wieder zurück zu »Kinder, Küche, Kerl« wie noch vor gut fünfzig Jahren angesagt. Aber wir sollten uns entspannen, uns wieder wertschätzen und uns auf die gar nicht so verwerflichen Geheimnisse früherer Epochen besinnen. Respektvolle Höflichkeiten, die auch kleine Lügen inkludieren, sind unsere besten Freunde.

Frauen ab vierzig sind hochpragmatisch geworden und wissen, dass sie alkoholische Getränke nicht mixen sollten. Sie wissen, wie sie einen Mann verführen, wann es sich lohnt, lieber den Job als die Friseurin zu wechseln und dass die Nachtcreme wichtiger als die Tagespflege ist. Wir sind unabhängig, trotzen Konventionen, Chefs und spießigen

Ehemännern. Wo Jüngere keinen Schimmer haben, sagt uns unser gewachsener Instinkt, dass wir wieder Rücksicht auf Beziehungsgeflechte und unseren Drang zur Harmonie nehmen sollten. Wir hatten diese Teile unserer Weiblichkeit verkümmern lassen, weil wir sie abgewertet hatten – jetzt können wir sie neu entdecken und selbstbewusst zu ihnen stehen.

Die Zeit ist eine miserable Kosmetikerin. Wir fragen uns bisweilen mit der Zeichentrickfigur unserer Kindheit: »Wer hat an der Uhr gedreht? Ist es wirklich schon so spät?« Dabei haben wir uns gerade erst an uns selbst gewöhnt. Und deshalb ist es auch wunderbar, die vierzig zu überschreiten.

Unser größter Schatz ist nicht mehr ein Mann, sondern unser Erfahrungsschatz. Wir entdecken das neue Zauberwort »nein«, statt weiter am kindlichen »bitte« festzuhalten. Wir vergeuden unsere Zeit nicht mehr mit Idioten, die uns nur Energie absaugen. Wir wissen, wo wir stehen und was wir wollen – meistens jedenfalls. Und selbst wenn wir mal nicht genau wissen, was wir wollen – wir wissen jedenfalls, wie wir es bekommen!

Dieses Buch beschreibt jedoch nicht nur Kniffs und Tricks, die wir erst jetzt beherrschen, sondern beleuchtet auch verschiedene Aspekte des weiblichen Älterwerdens. Sie erfahren hier, warum die Zeit plötzlich so rast, wie Männer prinzipiell zu verführen sind, warum Sie einer verschenkten Mutter-Teresa-Karriere nicht nachtrauern sollten oder welche generellen Vorteile es hat, Akne gegen Botox zu tauschen. Wenn Sie Manipulationsmechanismen verstehen, einen Blick in die weibliche Emanzipationsgeschichte werfen oder das Leben mit dem seltsamen Typen neben Ihnen (also Ihrem Partner!) besser verstehen wollen – dann liegen Sie hier richtig.

Weibliches Älterwerden heißt heute, die rosarote Brille der Jugend gegen so ein scheußliches Gleitsicht-Ding mit Kette zu tauschen – aber eben auch zufriedener, selbstbewusster und vor allem auch glücklicher zu werden.

Mein kleiner grüner Kaktus

»Mein kleiner grüner Kaktus
steht draußen am Balkon,
hollari, hollari, hollaro!
Was brauch' ich rote Rosen,
was brauch' ich roten Mohn,
hollari, hollari, hollaro!«

Die meisten haben den Titel vermutlich schon einmal gehört: »Mein kleiner grüner Kaktus« von den Comedian Harmonists. Das so unpolitische Lied des damals berühmten Sextetts wurde im Dezember 1934 veröffentlicht. Hitler und die Nazis waren aber schon an die Macht gelangt und begannen, Juden systematisch aus dem öffentlichen Leben auszuschließen und zu verfolgen. Die Comedian Harmonists bekamen ein Auftrittsverbot, weil drei der Mitglieder jüdisch beziehungsweise nicht arisch waren. Eine Weile fing das Ensemble das noch mit Auslandsauftritten auf, dann jedoch zerbrach die Gruppe letztlich an den Folgen der Nazispaltung, der sich die deutschen Musiker nicht konsequent genug entgegenstellten oder stellen konnten.

Die Geschichte der Comedian Harmonists sei aber hier nur am Rande erwähnt – mir schoss der Evergreen einfach immer wieder in den Kopf, als ich kurz nach meinem 39. Geburtstag eines Tages *die* Idee schlechthin hatte, wie ich Machtkämpfen und harten Familienauseinandersetzungen ganz elegant aus dem Weg gehen kann und doch zu meinem Ziel gelange.

Hintergrund: Mein Sohn Lukas lag uns seit gefühlten hundert Jahren damit im Ohr, dass er unbedingt ein Haustier möchte. Mal war es eine Katze, dann ein Hamster, etwas später ein Riesenschlange, bald darauf ein Aquarium – und schließlich einigte er sich sogar mit Schwester Eva auf ein gemeinsames Tier, um die Anschaffung mit vereinten Kräften gegen mich durchzusetzen. Wohlgemerkt gegen *mich*, denn mein Mann meinte zu den Vorhaben immer nur: »Warum nicht? Ist doch eine schöne Idee!« Ich spare mir an dieser Stelle einen Seitenhieb auf einen Mann (also meinen), der eine Riesenschlange im Haushalt »eine schöne Idee« findet. Ich lasse mich hier ausdrücklich *nicht* darüber aus, was das über den Infantilitätsgrad eines Typen aussagt. Und nein, nein, nein, ich würde mir lieber auf die Zunge beißen, als zuzugeben, dass ich damals mehrmals dachte: »Der hat sie doch nicht mehr alle, der ist ja noch kindischer als die Kinder!«

Warum ich überhaupt ob all dieser Diskussionen so wütend wurde, wurde mir erst eines Abends klar: Eigentlich habe ich nicht mal etwas gegen Haustiere, soll sie jeder haben, wie er gerade lustig ist. Eine Freundin von mir hält sich im Wohnzimmer sogar eine Muräne in einem Riesenaquarium. Das hat mich noch nie gestört. Im Gegenteil, ich habe das erzhässliche Tier so aufrichtig bewundert mit der Bemerkung: »Toll, wie ungewöhnlich du bist, dass du sogar solche Tiere in dein Herz schließt.«'

An diesem Abend wurde mir bewusst, dass jeder, wirklich jeder, sogar meine Familienmitglieder, Haustiere halten können, wie sie wollen. Aber keiner, auch meine Familienmitglieder nicht, dürfen über meine Zeit verfügen, wie sie gerade wollen. Und als Frau mit Lebenserfahrung wurde mir mit einem Schlag bewusst, was mich in all den Debatten so empörte – für mich war sonnenklar, dass nach der ersten Euphorie über den neuen Mitbewohner alle Arbeit mit dem Tier an mir hängen bleiben würde. Mit einem Hund würde ich nach drei Monaten allein Gassi gehen müssen, ein Katzenklo würde spätestens nach zwei Wochen ich alleine regelmäßig reinigen, die Futterbesorgung für den Hamster würde nach drei Wochen nur in meine Verantwortung übergehen – und mit einer Riesenschlange müsste ich regelmäßig zum Tierarzt, wenn sie sich an einer Computermaus verschluckte.

Diese Erkenntnis war wichtig, denn zuvor hatte man mich in die ideologische Ecke gedrängt: »Was hast du eigentlich gegen Tiere?« »Bist du so der Natur entfremdet?« »Zählt bei dir nur noch Arbeit?« (Die größte Unverschämtheit gegenüber einer Familienmutter, die im Grunde genommen den ganzen Laden schmeißt – niemals darauf eingehen! Das sind rein rhetorische Mittel, um Eigeninteressen durchzusetzen!) Zeitgleich mit dieser Erkenntnis schoss mir die zweite in den Kopf: Argumente helfen hier nicht weiter. Sagte ich offen: »Legt euch gerne jedes Haustier zu, das ihr haben möchtet, aber ich werde mich nicht darum kümmern!«, würde ich von den Kindern stürmisch umarmt werden und zu hören kriegen: »Danke, Mama! Super! Natürlich kümmern wir uns selbst darum!« Mein Mann Alex würde noch eins draufsetzen und sagen: »Liebling, du bist echt toll! Du bist wirklich jung geblieben, weil du deine Meinung noch mal ändern kannst!« Zack – und drin wäre ich in der Falle! Denn so oder so müsste ich den anderen unterstellen, dass sie sich garantiert nicht an ihre Zusagen halten würden. Damit käme ich in eine höchste undankbare Position, nämlich, den anderen mein Misstrauen auszusprechen. Was nun wirklich nicht förderlich für den Familienfrieden wäre.

Ich weiß nicht, warum, aber nach einer der 397 Debatten zum Thema beim Abendessen (»Mama, Max hat Schildkröten! Die möchten wir auch! Warum kriegen wir nie, nie, nie ein Haustier?«) schoss mir plötzlich der Song »Mein kleiner grüner Kaktus« in den Kopf, und ich erklärte seelenruhig am Esstisch vor der versammelten Familienrunde: »Einverstanden. Könnt ihr haben. Bloß vorher möchte ich gerne einen kleinen Testlauf machen, ob euch das auch wirklich so taugt.«

Große Augenpaare staunen mich an – so, als hätte ich verkündet, dass wir morgen mit einer Kapsel zum Mars fliegen. Alle verstummen schlagartig. Ich führe weiter aus: »Tiere gewöhnen sich an die Menschen, und dann kann man sie nicht mehr einfach so weggeben, das kann man ihnen wirklich nicht antun!«

Drei Köpfe am Esstisch nicken zustimmend und schweigend, wohl immer noch schockiert über die unverhoffte Zusage meinerseits.

»Und deshalb machen wir das jetzt so: Wir machen einen Testlauf mit Pflanzen, an denen ihr übt, sagen wir drei Monate. Und dann könnt ihr noch mal entscheiden.«

»Wie?«, fragt mein Sohn Lukas. »Wie muss man sich denn um Pflanzen kümmern?«

»Na, Rosen brauchen jeden Tag frisches Wasser in der Vase«, erklärt Eva souverän, sich gut fühlend mit ihrem Wissensvorsprung vor dem Bruder.

»Das kommt immer auf die Pflanzen an«, fachsimpelt mein Mann Alex. »Die Mama hat mir schon oft gezeigt, wie Orchideen einen Extradünger brauchen und der Efeu ganz von alleine wuchert.«

Unglaublich, was sich mein Mann wohl in einem lichten Moment gemerkt hat! Ich bin völlig baff, bis mir einfällt, dass er einmal die Bierkästen für eine WM auf dem Balkon abstellen wollte und ich ihm erklärt habe, dass die Orchideen sehr empfindlich seien und es nicht vertrügen, wenn sie wegen der Bierkästen in den Keller verbannt werden müssten.

»Es kommt also ganz auf die Pflanzen an«, führt Alex weiter aus.

»Dann nehmen wir doch die pflegeleichtesten Pflanzen!«, erkläre ich zustimmend. »Ich will ja niemandem Steine in den Weg legen. Also Kakteen …«

»Ja!«, unterbricht mich Alex begeistert. »Die hatten wir auch im alten Büro. Die sind unkaputtbar!«

»Die brauchen keinen Dünger und nur ab und zu Wasser«, erkläre ich.

»Weiß ich von Bio!«, stimmt Lukas zu.

Eva sieht mich etwas zweifelnd an. Sie riecht einen Braten, kann ihn aber nicht benennen.

Einen Tag später kriegen die Kinder jeweils drei Kakteen für ihr Zimmer, und ich zeige ihnen, wo die Gießkanne steht.

Tag um Tag sehe ich die Kakteen vor sich hin siechen. Eva gießt jeden Tag. Lukas gar nicht.

Ich beiße mir auf die Zunge und beruhige mein schlechtes Gewissen damit, dass Kakteen nur Pflanzen und keine Tiere sind.

Irgendwann versuche ich Ableger abzuschneiden, da das

Ende der kleinen grünen Pflanzen sichtlich naht und sie wenigstens Nachwuchs haben sollten, wenn ich sie hier schon so elendig verrecken lasse.

Fünf Monate nach der Zusage beim Abendessen sind die Kakteen braun, nicht mehr verwurzelt, verdorrt oder zu Matsch geworden.

Ich erinnere ganz bewusst nicht an den »Testlauf«, sondern frage nur dezent nach, was denn mit den kaputten Pflanzen in den Jugendzimmern geschehen soll, die würden mittlerweile so seltsam riechen.

»Ach, *das* stinkt so!«, meint Eva, die am Tag zuvor einschlägigen »Herrenbesuch« hatte. »Richtig peinlich!«

»Ich bring die zur Biotonne, dann kommen sie in den ökologischen Kreislauf zurück«, bemerkt Alex sachlich.

»Was?«, fragt Lukas, der vorher nur auf sein Handy gestarrt hatte. »Was kommt in die Biotonne?

»Die Kakteen!«, sagt Alex.

»Welche Kakteen?«, fragt Lukas geistesabwesend. Wir glotzen ihn alle an, er überlegt fieberhaft. »Ach so, ja, diese Pflanzen, die stehen da auch nur blöd rum im Zimmer! Hab gar nicht mehr an sie gedacht! Gute Idee, Papa!«

Am nächsten Tag entsorgt Alex die Pflanzen – und das Thema Haustiere war seither nie, nie, nie wieder Thema bei uns!

»Was brauch' ich rote Rosen,
was brauch' ich roten Mohn,
wenn ich die Raffinesse und einen
kleinen grünen Kaktus hab!«

Lügen haben lange Beine

Sind Sie eine jener Frauen wie meine alte Bekannte Gabi, die darauf schwören, immer ehrlich zu sein und es stets mit der Wahrheit zu halten? Würden Sie sich lieber die Zunge abbeißen, als dem Kompliment des Chefs zu einer angeblich grandiosen Leistung einer Kollegin zuzustimmen? Sagen Sie Ihrer betagten, gebrechlichen Mutter auch die Wahrheit, wenn Sie gefragt werden, wie ihr der neue Hut mit den grotesk großen Früchten drauf steht? Und sagen zu Ihrer besten Freundin, wenn sie im siebten Himmel schwebt, weil sie meint, ihren Traummann gefunden zu haben: »Vergiss es! Der Typ ist ein Macho der besten Sorte, der dich nach der zweiten Nacht schon betrügen wird!«

Sie haben sich einmal vorgenommen, nie wie Ihre Mutter oder Großmutter zu werden, die um die Wahrheit herumlavieren, weil sie zu wenig selbstbewusst sind, um zur eigenen Meinung zu stehen? So wie ich einmal. Jahre- wenn nicht jahrzehntelang hielt ich es für meine erste Pflicht als emanzipierte Frau, bloß nichts und niemanden schönzureden um des lieben Friedens willen. Dazu stehe ich auch heute noch. Aber mittlerweile differenziere ich und verbuche jeden Absolutheitsanspruch, speziell diesen, unter der Rubrik »jung und dumm«. Denn seit einiger Zeit weiß ich: Es geht nicht darum, *immer* die Wahrheit zu sagen, sondern nur *immer* dann, wenn es wichtig ist oder den anderen oder die andere nicht unnötig verletzt. Warum soll ich meiner besten Freundin sagen, dass ich den Neuen für einen ausgemachten Macho halte, der sie irgendwann brutal verletzen wird? Vielleicht täusche ich mich ja auch ganz einfach. Warum soll ich meiner Mutter die Begeisterung über den neuen Hut nehmen, nur weil *ich* ihn scheußlich finde? Warum soll ich der neuen Kollegin nicht die Freude über das Kompliment des Chefs lassen, wenn ich doch ohnehin weiß, dass seine Begeisterung sich früher oder später von alleine in Ungefallen auflösen wird?

Normalerweise verliert sich der absolute Wahrheitsanspruch und »Ehrlichkeitsdrang« im Laufe der Zeit und weicht einem gar nicht bewussten höflichen Mix aus »Dichtung und Wahrheit«. Als ich neulich eine Nachbarin von früher traf, die verdammt gut und jung für ihre 45 Jahre aussieht, rief ich ehrlich: »Wow, siehst du gut aus!« Sie freute sich und entgegnete schließlich: »Du aber auch!« Ihrer Mimik sah ich dabei aber an, dass die Worte nicht ihrer Überzeugung entsprachen, im Gegenteil: So, wie sie mich dabei angesehen hat, gehe ich eher davon aus, dass sie das Gegenteil dachte: »Wow, ist die alt geworden, wie sieht die denn aus?!« Aber wissen Sie was? Ich war der früheren Nachbarin nicht böse, nein, ich freute mich vielmehr über die höfliche Wertschätzung, die sie sogar zu einer netten Lüge mir gegenüber bewogen hat. »Wahrheit und Lüge im außermoralischen Sinne« haben bereits größere Geister als mich zu philosophischen Betrachtungen bewegt, Friedrich Nietzsche zum Beispiel, der dem Thema ein ganzes Buch gewidmet hat. (Aber dabei natürlich keineswegs weibliche Spezifika in Betracht gezogen hat.) Das Thema ist komplex. Und immer die Wahrheit zu sagen ist eben nicht immer angeraten.

Menschen wie meine alte Bekannte Gabi tragen dieses »Ich bin immer ehrlich« wie eine Monstranz vor sich her und verhalten sich auch so. Meist sind das Frauen oder Männer, die zwar älter wurden, aber nicht (im besten Wortsinne) »gereift« sind. Für ihr eigenes gutes Gewissen nehmen sie in Kauf, andere zu verletzen: »Der Mantel steht dir überhaupt nicht, du alte Schachtel!« Zwar nicht wortwörtlich, aber sinngemäß, habe ich das neulich von Gabi gehört. Früher hätte mich das schwer verletzt, jetzt irritierte es mich eher, denn ich kannte ja die »Direktheit« meiner Freundin. Die hat auch schon mal ihre Tochter vor den Kopf gestoßen mit dem Satz: »So pickelig, wie du bist, wird dich nie einer mögen!« Oder ihren Mann mit: »Du alter Sack, dich macht nur noch dein Einkommen sexy.« Oder die ehemalige gemeinsame Nachbarin mit: »So, wie es in Ihrem Garten aussieht, können wir alle froh sein, dass wir noch keine Ratten haben.«

Sagt die Gabi. Direkt. Ehrlich. Selbstverständlich ohne schlechtes Gewissen, denn darum geht es ja – um mit sich selbst und dem Ehrlichkeitsanspruch im Reinen zu bleiben, verletzt sie andere rücksichtslos.

Sagt die Gabi. Die immer High Heels trägt, sich die Lippen hat aufspritzen und sich gefühlte zehn Zentimeter lange Wimpern von der Kosmetikerin hat aufkleben lassen. Ganz zu schweigen davon, dass sie sich die Haare färbt, die Fingernägel lackiert, Botox in der Stirn hat, sich Haare an unpassenden Körperstellen entfernen lässt und einen Push-up-BH trägt. Aber dass sie sich auf diese Weise jünger und schöner mogelt, das empfindet Gabi keineswegs als Betrug an der Wahrheit. Nein, sie würde ja auf keinen Fall lügen!

Nicht nur Enthaarungsmethoden, Lippenstift, Make-up, Kajal oder gar Botox vertuschen die Wahrheit – sagen wir mal so – und helfen, unseren Körper »aufzuhübschen«. Schon alleine die High Heels »lügen« die Umgebung an: Wir versuchen unsere Beine damit länger zu schummeln, um attraktiver zu wirken.

Warum eigentlich? Warum lassen wir uns die Haare färben, die Lippen voller und röter wirken, die Falten »liften« oder die Augen mit Lidschatten strahlen? Es gibt ein paar Signalwirkungen auf Männer, denen allesamt biologisch gesehen eins zugrunde liegt: Wir wollen Jugend und Gebärfreudigkeit ausstrahlen. Glänzende Haare signalisieren einen guten Spurenstoff- bzw. Vitaminhaushalt. Volle, rote Lippen signalisieren Jugend und Gebärfähigkeit. Eine straffe, makellose Haut heißt: »Ich bin gesund.« Und lange Beine heben uns von Affenweibchen ab. Wir helfen der aufrechten Haltung also ein wenig nach, was der männliche Homo sapiens sexy findet. Um nur ein paar Beispiele zu nennen.

Das aber heißt ganz einfach: Wir schummeln ständig mit unserem Körper. Eine kleine Mogelei aus unserem Mund jedoch verdammen wir. Während wir das eine nicht mal als »Schwindeln« wahrnehmen, verurteilen wir an uns schon eine kleine, höfliche Lüge.

Die Wegbereiterinnen der modernen Emanzipation seit den Siebzigerjahren des 20. Jahrhunderts wie Alice Schwarzer bekämpften deshalb auch »Aufhübschen« mit aller Konsequenz. Die Büstenhalter flogen aus den Studentenbuden und Bikinioberteile wurden am Strand abgelegt. Das befreite uns damals ungemein: Zum ersten Mal seit Jahrhunderten mussten Frauen nicht mehr mit dem Korsett eine schmale Taille zaubern, zu kleine Schuhe tragen oder den Busen einengend hochstraffen. Es war grandios, diese Zwänge über Bord zu werfen, ganz ohne Rücksicht auf Wirkungsverluste der eigenen Attraktivität. Zum ersten Mal konnten wir Frauen furios ehrlich sein, mit unserem ganzen Körper – um bald darauf festzustellen, dass diese Ehrlichkeit vielleicht auch nicht immer das Gelbe vom Ei ist, wenn wir uns in einen Mann verliebt haben und diesen für uns gewinnen wollen.

Heute sind die Frauen wieder zu BHs und zur Weiblichkeit mit selbstverständlichen körperlichen Schummeleien zurückgekehrt. Im Gegensatz zu früher – und schon alleine deshalb lebe die Emanzipation hoch – können wir es uns aber aussuchen, ob wir im Minirock oder in der Jogginghose auf die Straße gehen. Vor hundert Jahren wären beide Looks bei all den gesellschaftlichen Zwängen für Frauen noch undenkbar gewesen. Aber nicht nur wir Frauen gestalten unsere geschlechtsspezifischen Attribute so sexy wie möglich aus. Auch die Männer – vor allem die jüngeren – haben nach unserer Emanzipation die gepflegte Männlichkeit entdeckt. Sie gehen ins Fitnessstudio, um einen möglichst breiten Oberkörper zu bekommen, lassen sich einen Bart stehen und suchen sich Klamotten aus, die sie muskulöser wirken lassen. Mit alldem peppen sie sich zu einem möglichen »Beschützer« auf – was wir wiederum attraktiv finden, auch wenn wir keinen Beschützer mehr brauchen.

Selbstverständlich lässt sich beim Homo sapiens nicht alles, sondern vielmehr nur ein Bruchteil auf Biologie zurückführen – aber sie spielt doch eine bedeutendere Rolle, als die frühen Feministinnen wahrhaben wollten. Nicht alles ist Erziehung – und kaum eine würde heute mehr, wie im vorigen Jahrhundert die Frauen in lila Latzhosen, behaupten: »Wir werden nicht als Mädchen geboren, wir werden dazu gemacht!« Manches wie unser schummelndes Aufhübschen ist einfach schlichtweg biologisch dazu da, uns mit einem Mann in die Kiste zu bringen beziehungsweise den Mann mit uns, nur um irgendwann Nachwuchs in die Welt zu setzen.

Am liebsten würde ich das Gabi ins Gesicht sagen: »Mit den High Heels siehst du in deinem Alter so bescheuert aus, dass dich kein Mann mehr attraktiv findet und noch was von dir will.« Aber das tue ich nicht. Ich weiß jetzt ja schließlich, dass Lügen kurze oder lange Beine haben können – je nachdem.

Wenn das Leben dir Saures gibt, mach einen Limetten-Smoothie draus!

Falls Sie sich mal wieder darüber ärgern, dass der Spiegel verwunschen ist und Sie nur noch im verzerrten Knitterlook abbildet, denken Sie vielleicht einmal daran, welche Probleme Sie nun endgültig nicht mehr am Hals haben:

- Neue Akne-Cremes? Nie, nie, nie wieder müssen Sie sich über den neuesten Stand der Forschung informieren oder eine medikamentöse Therapie beim Hautarzt beantragen.
- Wenn Sie im Bus schwarzfahren, können Sie ganz ruhig bleiben. Die Kontrolleure werden ganz sicher zuerst auf die U-20er zugehen, weil sie bei denen normalerweise größere Ausbeute machen. Sie können ganz gechillt abwarten und an der nächsten Station aussteigen.
- Kein Kerl der Welt kann Ihnen mehr suggerieren, dass es nur ihn oder keinen anderen gibt. Frauen summen nun nach einer Verletzung sofort innerlich die Melodie: »Liebeskummer lohnt sich nicht, my darling!«
- Nie wieder wird Sie ein Türsteher in einem Club mit den Worten abweisen: »Wir sind hier keine Babyficker-Anstalt.«
- Ob *er* sie nun liebt oder nicht? Wegen dieser Frage werden Sie keine einzige Sekunde mehr schlaflos im Bett liegen. Entweder das wird, oder das wird nichts. Ü-40-Frauen wissen: Es lässt sich nichts forcieren oder erzwingen.

- Sie langweilen sich nicht mehr unendlich bei Betriebsfesten, Familienfeiern oder Kathedralen-Besichtigungs-Aktionen Ihres Partners. Sie wissen nun, wo es sich lohnt zuzusagen – und noch viel mehr, wo Sie gleich im Vorfeld absagen. Auch mit Ausreden, denn ...
- ... Sie wissen nun, dass es nicht darum geht, eine Ausrede zu erfinden für etwas, worauf frau keine Lust hat, sondern nur darum, die Ausrede möglichst höflich an den Mann (manchmal auch die Frau) zu bringen.
- Sie können nun vor allem auch entscheiden, wo sich eine Ausrede lohnt oder wo es besser ist, gleich die Wahrheit zu sagen, um nie wieder belästigt zu werden. Nur Leute, mit denen wir weiter zu tun haben wollen, sind uns überhaupt die kreative Suche nach einer Ausrede wert.
- Sie dürfen jeden Mietwagen fahren, wenn Sie einen Führerschein haben, die Altersmindestgrenze von 21 Jahren wird Ihnen nie mehr im Weg sein. Damit kriegen Sie auch jeden Benz und sparen Kosten zwischen 20 und 50 Euro, die junge Führerscheinbesitzer extra tragen müssen.
- Sie bereuen nur noch zwanzig Sekunden, einen Pulli gekauft zu haben, den Sie vermutlich doch nie im Leben tragen werden. Denn Sie wissen, dass dies einfach zum Shit des Lebens gehört – Fehlentscheidungen, sowohl bezüglich Männern wie auch Klamotten. Sie tauschen um!
- Sie lassen sich nicht mehr von einem Typen überreden, Sex mit ihm zu haben, auf den Sie null stehen – Sie wissen, dass Sie damit nur Ihre Zeit verplempern und Besseres verdient haben.
- Sie genießen den Flirt und denken im Hinterkopf nicht mehr daran, ob der Mann nun eine Familie mit Ihnen

gründen will oder nicht. Entweder Sie haben schon eine Familie, dann brauchen Sie den Kerl auch gar nicht mehr dazu. Oder Sie haben keine Familie – aber dann brauchen Sie jetzt auch keine mehr mit diesem Kerl. So einfach ist das.

- »Läuft oder läuft nicht« – das ist überhaupt Ihr Lebensmotto.

- Sie kaufen sich nie wieder Schokoladeneis, um danach die Kalorien zu bereuen. Sie wissen, dass Kalorien rein abstrakte Größen sind, die ganz und gar nichts mit Kleidergrößen zu tun haben – wenn frau ganz ohne schlechtes Gewissen genießt.

- Sie machen nie wieder eine Bergtour mit einem Typen, der glaubt, es sei das Größte im Leben, draußen bei Minus achtzig Grad auf einem Gipfel zu übernachten. Sie buchen stattdessen ein Luxushotel an einem warmen Sandstrand, das zwar pro Nacht so viel kostet wie früher vier Wochen Camping, aber der Aufenthalt freut und entspannt Sie wie sonst nichts auf der Welt.

- Von ganz, ganz wenigen Ausnahmemomenten abgesehen, haben Sie sich von der Idee verabschiedet, Bundeskanzlerin zu werden. Sollen andere doch diesen Job machen.

- Niemand an der Supermarkt-Kasse wird Sie auffordern, doch Ihren Personalausweis vorzuzeigen, wenn Sie noch schnell einen Martini für die bevorstehende Feier besorgen wollen.

- Sie gehen völlig entspannt in die Haushaltswarenabteilung des Kaufhauses und suchen *zuerst* neues Geschirr aus und erst *danach* geile Dessous. Sie denken ökonomisch und sparen sich Wege – was zuerst auf der Strecke liegt, wird zuerst erledigt.

- Schwulenfeindliche Äußerungen am Nebentisch stürzen Sie nicht mehr in tiefe Sinnkrisen wegen der »Ewiggestrigen« und politischer Zustände. Sie stehen auf, argumentieren kurz und bündig und lassen die Stammtisch-Idioten wie begossene Pudel weiter tief ins Bierglas schauen.
- Sie sortieren einen Typ im Jogginganzug vor einem Spielautomaten in einer Kneipe sofort aus Ihrem Beuteschema aus.
- Sie lassen sich nicht mehr emotional von Äußerungen des Partners erpressen wie: »Schatz, du bist die Beste! Keine kann mich so gut wie du daran erinnern, was ich noch zu tun habe!« Sie knallen dem Mann an Ihrer Seite ganz sachlich an den Kopf: »Kümmere dich selbst darum, wann du die Steuererklärung abzugeben und Bier für den Fußballabend einzukaufen hast!«
- Sie sparen nicht mehr nur für die Zukunft der Kinder, sondern gönnen sich bisweilen auch einmal einen sündhaft teuren Termin bei der Kosmetikerin.
- Umgekehrt stehen Sie zu der Entscheidung, eine Immobilie gekauft zu haben und sie abzubezahlen, weil Sie nun nicht nur an Ihre, sondern auch an die Zukunft der Kinder denken.
- Sie sortieren Ihre Träume noch einmal neu – endlich nicht mehr nach idealistischen Zielen, sondern nach pragmatischen. Ed Sheeran werde ich nie mehr erobern können – aber wie sieht es eigentlich mit Arnold Schwarzenegger aus? Und Sie wissen jetzt auch: Einen Arnold Schwarzenegger wollen Sie so oder so nicht.
- Je mehr Mängel der Schönheits-TÜV bei Ihrem Körper zeigt, desto selbstbewusster kontern Sie das ganze »Genörgle« mit philosophischen Weisheiten: Kein Mensch

lebt ewig. Alles erneuert sich. Ich bin nicht der Nabel der Welt. Das Leben geht weiter.

- Sie nehmen keine Rücksicht mehr auf »Familienzeiten« des Partners, die dieser doch nur eingeführt hat, um sich von Ihnen nach getaner Arbeitszeit bemuttern zu lassen – er liegt auf dem Sofa nach seinen unzähligen Überstunden, während *Ihre* Stress-Woche noch bevorsteht, und fordert plötzlich mehr gemeinsame Zeit – oder sei Ihnen das nichts wert? Ob Sie ihn denn überhaupt liebten, wenn die eigene Karriere so viel wichtiger sei? Dazu lächeln Sie nur milde – Sie durchschauen nun die männlichen Machtspielchen mit all den fiesen Methoden, um Frauen kleinzuhalten.
- Sie gehen völlig befreit durch einen Drogeriemarkt und müssen nie mehr auf Babywindeln im Sonderangebot schielen. Sie können stattdessen die neuen Lippenstiftfarben vor dem Spiegel testen.
- Sie wissen zwischen (legitimen) Geschäftsinteressen und persönlicher Sympathie zu unterscheiden. Das Weihnachtsgeschenk des Chefs nehmen Sie nicht als Liebesbezeugung, sondern nur als das, was es ist: ein Zeichen der Wertschätzung Ihrer Arbeit. Will er im nächsten Gespräch nicht das Gehalt erhöhen, nehmen Sie ihm das nicht persönlich übel – und pochen trotzdem sachlich und nüchtern auf 500 Euro mehr im Monat, um am Ende wenigstens 200 Euro mehr zu bekommen.
- Sie wissen, dass das Leben Ihnen manchmal Saures gibt, aber Sie machen das Beste daraus, zum Beispiel einen Limetten-Smoothie, den Sie anderen auch noch als neues »Megarezept« verkaufen.

Ein lupenreiner Mord

Ich bin eine höchst friedfertige Person. Ich prügele mich nicht in Kneipen, bin in früherer Jugend für den Weltfrieden auf die Straße gegangen und käme niemals auf die Idee, einen Nachbarn, der mich mit seiner Techno-Dauerbeschallung extrem nervt, hinterrücks von Balkon zu Balkon zu erschießen. Ich wüsste ja noch nicht einmal, wo man eine Waffe besorgt. Umgekehrt bin ich ein sehr lösungsorientierter Mensch, der im Zweifel sogar einen Kurs in der Frauencomputerschule besuchen würde, um zu seinem Ziel, etwa der Beschaffung einer Waffe im Darknet, zu gelangen. Aber zugleich ist das alles Quatsch und entspringt nur meinem Hang, mir alle Möglichkeiten fantasievoll auszumalen. Stünde ich tatsächlich vor der Situation, eine Waffe in der Hand zu halten und dem so extrem nervenden Nachbarn mit seiner Dauerbeschallung bis nachts um vier Uhr gegenüberzustehen: Ich würde zittern, die Waffe verschämt hinter meinem Rücken verbergen und ganz schlicht und einfach sagen: »Bitte verstehen Sie, ich höre Sie und Ihre Musik ständig. Das nervt mich extrem. Ich will deswegen jetzt keine Polizei rufen, das ist ja albern. Können wir das nicht irgendwie regeln? Also mit bestimmten Ruhezeiten oder indem Sie einfach die Lautstärke runterdrehen … oder haben Sie einen Vorschlag?«

Umso erstaunlicher ist, dass ich nun voller Stolz einen lupenreinen Mord vorweisen kann. Einen echten Mord und keinen Totschlag! Denn mal vereinfacht gesagt ist der Hauptunterschied zwischen Mord und Totschlag die längerfristige Planung mit Heimtücke aus eigennützigen Motiven. Der Totschlag geschieht hingegen eher spontan aus einer Stresssituation heraus. Also, wenn ich meinen Mann im Bett mit einer anderen erwische und sie deshalb spontan beide erschieße, ist das tendenziell eher Totschlag. Vergifte ich hingegen meinen Mann über Monate hinweg mit Zusätzen im Essen, ist das Mord, denn das habe ich heimtückisch von langer Hand geplant, vielleicht zusätzlich auch noch aus ganz eigennützigen Motiven heraus, beispielsweise, um an seine Lebensversicherung zu gelangen.

Nun bin ich stolz auf mich und habe auch null Skrupel, einen nervenden Typen endgültig zur Strecke gebracht zu haben. Er war sozusagen überfällig, um mir nicht mein eigenes Leben zu zerstören. Ha, mir kommt gerade die Idee, dass das Ganze auch als Notwehr durchgehen könnte! Gäbe es einen weltlichen Richter. Den gibt es aber nicht, ich stehe nur vor meinem eigenen moralischen Richter.

Mein späteres Opfer ist irgendwann in meiner Kindheit aufgetaucht und hat mich über Jahre und Jahrzehnte verfolgt. Seit meiner Jugend rief er mir immer Sätze zu wie: »He, das kannst du nicht!« Oder auch: »Was bildest du dir eigentlich ein?«, oder: »Was nimmst du dir heraus?«

Der Typ stand immer auf der Matte, wenn es darum ging, nicht auf meine eigenen Bedürfnisse zu hören, wie ich heute weiß. Der Kretin lief immer dann zu Höchstformen auf, wenn ich gerade für einen Moment nicht mit Arbeit, Hausaufgaben, Haushalt, Eltern oder solchen Dingen beschäftigt war.

Kaum gönnte ich mir ein Bad in der Badewanne, tobte er: »Wie kannst du nur so viel Wasser verschwenden, ist dir die Umwelt egal?« Oder: »Du nimmst dir ein Bad und kümmerst dich nicht um die Hausaufgaben von Lukas und Eva? Du Rabenmutter!« Bevorzugt tauchte er in der letzten Zeit auf, wenn es Probleme mit den alternden Eltern gab: »Was? Du lebst hier dein Leben und lässt deine Eltern in der Ferne so elendig in Stich?«

Widerrede oder anständige Argumentationen ließ er nie gelten. Wenn ich es etwa versuchte mit: »Hör mal, ich brauche eine kleine Entspannung im Bad, um wieder funktionieren zu können!«, entgegnete er: »Andere arbeiten viel mehr als du, du bist doch bloß faul!« Oder: »Hör mal, ich brauche eine kleine Entspannung im Bad, um wieder klarer denken zu können und Eva und Lukas bei den Hausaufgaben helfen zu können!« Darauf er: »Bei nur *zwei* Kindern machst du so ein Theater? Ich bitte dich! Du bist nur egoistisch und etikettierst das um!« Oder: »Hör mal, ich brauche eine kleine Entspannung im Bad, um zu überlegen, wie das Gartenproblem bei meinen Eltern zu lösen ist!« Darauf er: »Also *du* liegst faul in der Badewanne, während deine alten Eltern schwere Gartenarbeit machen? Haben die so eine Tochter verdient?«

Kurz nach meinem vierzigsten Geburtstag lag ich mal wieder in der Badewanne, und dieser Typ tobte sich aus, warf mir vor, mich im warmen Wasser zu suhlen, während mein Mann im Büro für unsere Kohle ackerte, die Kinder ohne mich die Klassenziele nicht erreichten und meine armen Eltern womöglich noch früher sterben würden, weil ich mich zu wenig um sie kümmerte.

Der Typ meldete sich mal öfter, dann wieder seltener. Aber seit meiner Kindheit trug ich da etwas in meinem Hirn mit mir herum. Etwas, dem ich mich nun stellen wollte. Ich begann, mir diesen Kerl bildlich vorzustellen:

Er war eine Mischung aus einem Rumpelstilzchen und einer rot-blau-grünen Schlumpffigur mit einer Piepsstimme – er war ein Wichtelmann. Er machte destruktiv alles nieder, was ich gerade genoss, und verfärbte sich je nach seiner Gefühlslage dabei. Wenn er, wie so manches Mal, richtig tobte, wurde er lila und roch fürchterlich nach Schweiß.

Nachdem ich mir ihn so plastisch vorgestellt hatte, veränderte sich etwas. Jetzt hatte ich einen Gegner, einen Feind, den ich bekämpfen konnte. Und genau an diesem Punkt entschied ich: Der Wichtelmann muss weg, koste es, was es wolle, sogar meine pazifistische Einstellung. Dann muss frau halt auch mal so flexibel sein und ideologische Einstellungen über Bord werfen! Ich ließ das Ekelpaket weiter toben, belächelte aber innerlich seine grelle Piepsstimme und plante seither zugleich minutiös seine Ermordung, also die Ermordung meines eigenen schlechten Gewissens.

In meiner Jugend gab es noch eine regelmäßige Sperrmüll-Entsorgung. Zweimal im Jahr stellten die Haushalte all das überflüssige Zeug auf die Straße, und Mitarbeiter der Stadt holten es ab. Ganz egal, ob das Gerümpel zu recyceln oder nur zu entsorgen war. Die Haushalte misteten einfach aus. Mit voller Wucht hätte ich damals den kleinen Wichtelmann mit auf den Sperrmüll geworfen. Aber da es diesen Sperrmüll heute meist nicht mehr so, sondern nur noch auf Bestellung gibt, musste ich mich des Kretins anders entledigen.

Und so beschloss ich eines Tages mit 39 Jahren, nicht lange zu zögern, nicht nachzufragen, keine Rücksicht mehr zu nehmen und den kleinen Wichtelmann nicht einfach bloß sofort rauszuwerfen aus meinem Kopf, sondern ihn regelrecht zu killen!

Das war aber leider nicht so einfach wie gedacht. Der Teufelskerl ließ sich zwar vorübergehend in der Badewanne unter Wasser mundtot machen, aber tauchte dann immer wieder heimtückisch und überfallartig in anderen Momenten auf, zum Beispiel, wenn ich vor dem Einschlafen unschuldig in einem Buch las oder morgens einen wunderbaren Sonnenaufgang bewunderte, statt den Kindern sofort die Pausenbrote herzurichten. Kaum hatte ich ihn mit meinem Buch, das ich gemütlich im Bett las, aus dem Schlafzimmer verscheucht oder ihn beim Sonnenaufgang den Balkon hinuntergeworfen, tobte er an den nächsten Orten. Und so entstand die Idee zu einem geplanten Mord auf Raten wie mit einem schleichenden Gift. Ich musste das Wesen einfach radikal beseitigen, denn sonst würde er sich nur immer wieder woanders verstecken und in wechselnden Farben doch immer wieder hinterrücks über mich herfallen.

Gesagt, getan – ich plante minutiös die Giftgaben. Nach etlichem Hin und Her war die Methode auch ziemlich schnell klar. Die hieß ganz einfach: Sag dir jeden Tag beim Aufwachen nur diesen einen Satz vor: »Was wünsche ich mir heute von diesem Tag, damit ich glücklich bin?« Das konnte ein Kaffeetrinken mit der besten Freundin sein, eine traumhafte Schokoladentorte zu essen, einen Sonnenuntergang zu genießen, ein kleiner Tanz mit meinem Mann zu einem Lied aus dem Radio oder Kuscheln mit den Kindern, statt mit ihnen Hausaufgaben zu machen.

Nach nur drei Monaten wirkte mein mentales Gift dieser Sätze, und der kleine Wichtelmann tauchte immer seltener auf und wenn ja, dann in stets schlechterer Konstitution mit zunehmend schwächerer, leiserer Stimme. Ich bekam es gar nicht richtig mit, wann er genau an meinem Toxikum verstorben ist – er war plötzlich einfach weg. Weg, weg, weg – hoffentlich für immer! Nur ganz, ganz selten glaube ich ihn mir von Weiten zurufen zu hören: »Sei doch nicht so bequem und faul und lass dir diese perfekte Mordmethode patentieren! Wie faul und blöd bist du eigentlich?!« Aber selbstverständlich höre ich nicht mehr auf seinen Quatsch!

Sternzeichen Altfrau

Seitdem ich fünfzehn war, betrachtete ich Horoskope als Quatsch – und las sie trotzdem immer wieder, vor allem dann, wenn ich verliebt war und wissen wollte, wie es mit den Gefühlen des anderen um mich stand. Keine noch so weisen Ratschläge der Eltern, der männlichen Mitschüler oder später der wissenschaftlichen Kollegen konnten mich daran hindern, morgens in der Tageszeitung (die hatte man damals noch gedruckt daheim!) nachzusehen, was das Schicksal an diesem Tag mit meinem Sternzeichen vorhatte. Stimmte die Vorhersage (»Der Tag hält einige Überraschungen für Sie bereit!«), sah ich mich in meiner Meinung bestätigt (»Da ist doch was dran!«); stimmte die Vorhersage nicht (»Heute werden Sie der Liebe Ihres Lebens über den Weg laufen«), sah ich mich auch in meiner Meinung bestätigt (»Ist doch Quatsch, das alles!«). Ich gebe es ja höchst ungern zu, aber vielleicht nennen das manche Männer »weibliche Logik«.

Irgendwann, ich vermute mal, so mit Mitte zwanzig, nachdem ich meinem späteren Mann Alex begegnet war, verlor sich die Horoskopleserei. Nur ab und zu klickte ich mich später noch zu Astro-Portalen. Dabei interessierten mich die Vorhersagen zur Liebe praktisch nicht mehr, dafür aber die Prognosen zur Karriere. Und auch das hörte irgendwann auf, ich schätze mal, so mit Mitte dreißig. Und dann waren zwei kleine Kinder da – jede Mutter weiß, dass ein Blick auch nur in die nächste Zukunft völlig sinnlos ist, denn mit kleinen Kindern gibt es täglich Überraschungen, und sie werfen von einer Minute auf die andere alle Pläne über den Haufen. Ins Theater gehen und den angehimmelten Schauspieler in echt sehen? Ist nicht, denn die Tochter hat plötzlich Fieber. Am Wochenende zum Skifahren? Ist nicht, denn der Sohn hat »urplötzlich« erfahren, dass da eine Weihnachtsfeier in der Schule ist, zu der die Eltern auch kommen sollen. Mit dem Chef das wichtigste Meeting der Firma seit einem Jahr perfekt machen? Ist nicht, denn der Gatte hat einen Nervenzusammenbruch, weil beide Kinder noch nicht daheim sind. Und so weiter und so fort im weiblichen Alltag.

Jedenfalls verlor sich das mit dem Horoskop-Gucken nahezu komplett. Wobei … wenn ich ganz ehrlich bin … ähm … also … eigentlich interessiere ich mich immer noch gelegentlich für den Quatsch oder vielmehr: wieder. Nur unter anderen Sternzeichen, äh … Vorzeichen, die da nun »Altfrau« heißen, denn auch wenn ich es astrologisch gesehen bin, traue ich mich nicht mehr, mich als »Jungfrau« zu bezeichnen.

Facebook und andere Portale haben seit einiger Zeit immer mal wieder »Tests«, bei denen es darum geht herauszufinden, wie alt oder jung man tatsächlich ist. Nach der Beantwortung von zehn bis zwanzig Fragen kommt normalerweise heraus: He, du bist deutlich jünger als dein biologisches Alter! (Mir hat noch nie, nie, nie jemand gesagt, einem solchen Test zufolge sei sie so alt wie in Wirklichkeit oder gar älter.)

Zutiefst befriedigt lehne ich mich dann zurück und fühle mich nach diesen Tests in dem bestätigt, was ich selbst empfinde – ich bin noch gar nicht so alt! Geistig bin ich absolut jung geblieben. Die eine oder die andere Falte spielt doch dabei keine Rolle! Und weil das so ein schönes Gefühl ist, klicke ich mich immer mal wieder durch ziemlich idiotische Fragen. Dabei weiß ich doch, dass diese »Tests« einzig und alleine dazu dienen, dass Facebook ein besseres Profil von uns ermittelt – und also in der Folge gezieltere Werbung schicken kann.

Mir wurde das schlagartig klar, als ich eines Morgens vor dem Frühstück schnell einen dieser Tests machte und dann im Laufe der folgenden Woche mein Facebook-Account zugespamt war mit Werbung für Anti-Aging-Produkte.

»Du bist so alt, wie du dich fühlst«, behauptet ein Spruch – und so korrigieren wir unser Alter nur zu gerne nach unten. Ohne es zu wollen, unterliegen wir dem gesellschaftlichen Trend, jung bleiben zu wollen, anstatt würdevoll zu altern.

Für andere springe ich gerne in die Bresche: »Sind die Falten nicht egal? Diese Frau sieht extrem interessant aus!« Oder: »Mir doch egal, wie alt der ist – es kommt auf den Menschen an.« Oder auch: »Was für ein tolles, altes Ehepaar, so mit Stock und Hut vereint.«

Für andere. Tja. Für mich hingegen würde ich alles daransetzen, nicht als faltig, »interessant aussehend« oder als alte Ehepartnerin wahrgenommen zu werden. Deshalb mache ich auch heimlich so bescheuerte »Tests« – eine wie ich, die doch schon mit fünfzehn Jahren erkannte, dass das mit den Horoskopen alles Quatsch ist!

Aber wie alt bin ich nun geistig wirklich? Kann mir das jemand sagen? Gibt es da keine objektiven Kriterien? Nein, natürlich nicht! Aber ich habe jetzt immerhin die ultimative Testfrage dazu gefunden, in welcher Lebenshälfte eine Frau sich befindet.

Du bist definitiv in der zweiten Lebenshälfte gelandet, wenn du deiner besten Freundin erklärst, welche Tupper-Becher sich im Kühlschrank praktischer stapeln lassen, nämlich eckige, anstatt danach zu fragen, welches Sternzeichen der Typ hat, in den sie sich gerade verliebt hat.

Liebe geht durch den Magen

Bevor mein Sohn Lukas ausgezogen ist, habe ich mit ihm noch einen »Kochkurs« gemacht, das heißt, wir haben jeden Abend zusammen ein Gericht aus dem Familienrepertoire zubereitet. Selbstverständlich habe ich auch meine Tochter Eva dazu eingeladen, die ebenfalls schon »auf dem Sprung« in die eigene Wohnung war. Aber Eva interessierte es nicht die Bohne, wie man einen veganen Eintopf, ein Wiener Schnitzel oder Käse-Pasta macht. Und ganz ehrlich unter uns gesagt: Es war mir auch irgendwie wichtiger, dass mein Sohn kochen lernt. Ich weiß nicht, warum, aber mir kam es fast wie eine »Mutterehre« vor, den Sohn nicht rezeptlos in sein neues Leben zu entlassen. Ich hätte mich als Glucke oder Mama-Tussi gefühlt, die den Sohn so verzogen hat, dass er nicht mal kochen kann.

Lukas war begeistert bei der Sache, schnibbelte Gemüse, panierte Schnitzel und lernte die original Bolognese mit Stangensellerie und Karotten zuzubereiten. Zum Auszug schenkte ich ihm ein selbst geschriebenes Rezeptbuch, das er sofort genau durchsah. Er ergänzte die Sammlung mit einzelnen Notizen zu den Gerichten, an die ich nicht gedacht hatte, wie beispielsweise den Hauch Oregano bei der Käsesauce zur Pasta. Entstanden ist auf diese Weise – ein schöner Nebeneffekt – ein Familienkochbuch. Wer weiß, ob Lukas das nicht mal eines Tages an unsere Urenkel weitergeben wird? Ach, Quatsch … wehmütige Gedanken dieser Art sind nur meiner latenten Depression zu verdanken, seitdem die »Kinder« ausgezogen sind. Plötzlich fragt sich frau, was eigentlich von all den gemeinsamen Jahren übrig geblieben ist. Und weil sich »Ich hab ihnen Liebe mitgegeben, mit all dem, was mir möglich war« so schlecht anfassen lässt, mache ich meine abstrakte »Erziehungsleistung« nun an einem Kochbuch fest, also vielmehr an einer Rezeptsammlung, die in meiner Vorstellung »ewig« bleiben wird, auch wenn ich mal nicht mehr bin.

Der Geruch bei der Essenszubereitung während der eigenen Kindheit prägt sich für immer ein. Ich weiß noch heute, wie es in der Küche meiner Oma roch, wenn sie sich zum Frühstück Rühreier zubereitete. Noch heute erinnert sich meine Nase ganz genau an den Duft von Grießbrei oder Gulasch, wenn meine Mutter diese Speisen zubereitete – ich wusste schon auf dem Weg zu unserer Wohnungstür, was es heute zu essen geben würde. Und Opas Kaba mit Zwieback prägte mich vermutlich mehr als jede Feinkost später in meinem Leben.

Viele Jahre nachdem meine Oma verstorben war, rissen wir Enkel uns um ihr Kochbuch. Wir stritten nicht um Besitztümer oder Geld – aber das Kochbuch wollte jeder haben. Schließlich fertigten wir Faksimiles an, und alle elf Enkelkinder bekamen das Buch mit den handschriftlichen Ergänzungen. Ich schaute dann zwar nur ganz selten dort nach, wie ich etwas kochen sollte (schon alleine wegen der Schrift, die mir Mühe bereitet), aber dieses Kochbuch hat immer noch einen Promi-Platz in meinem Küchenregal.

Liebe, Geborgenheit, Familie und eine Verwurzelung in der Welt sind so sehr mit dem gemeinsamen Essen und den dazugehörigen Gerüchen verbunden. Selbstverständlich haben auch andere familiäre Gewohnheiten dazu beigetragen, dieses Gefühl der Nähe zu erzeugen. Aber kein anderes Ritual (außer vielleicht das Vorlesen vor dem Einschlafen) hat sich so tief eingeprägt als bestes »Feeling« der Welt. Und so freute ich mich natürlich ungemein über das Interesse von Lukas, unsere Familientradition in dieser Form aufzunehmen.

Und ich freue mich auch heute noch darüber, auch wenn ich nun erfahren habe, dass Lukas all das im Prinzip völlig egal war. Mein Sohn hatte ein ganz anderes Ansinnen bei unserem »Kochkurs«. Gestern gestand er mir am Telefon, dass sein Plan aufgegangen sei: »Mit einem guten, selbst gemachten Essen kriegst du alle Weiber ins Bett hinterher!«

Ich bin nach dieser Aussage fast vom Stuhl gefallen. Mein Sohn hat also die übelsten Macho-Tricks drauf? Was haben wir in der Erziehung nur falsch gemacht?

Doch nach einer Weile und einer heftigen Auseinandersetzung über seine Wortwahl und Methode habe ich mich wieder beruhigt. Erziehungsziel erreicht: Sohn kann kochen, überlässt selbstverständlich der Frau hinterher *nicht* den Abwasch, sondern sorgt quasi perfekt für das körperliche Wohl seiner Herzensdame. Dazu zitiert er lapidar: »Es gilt doch das alte Sprichwort: Liebe geht durch den Magen!«

Stimmt. Und Gott sei Dank haben das nicht mehr nur Frauen heute für sich gepachtet. Der junge Mann von heute greift auch wieder in die Trickkiste unserer Omas – nur quasi umgekehrt emanzipiert.

Weiblicher Lebenslauf
mit Zielvorgaben

   3 Jahre: Die Windel muss weg!

 13 Jahre: Ein Busen muss her!

 23 Jahre: Das ewige Praktikum muss weg!

 33 Jahre: Ein Kind muss her!

 43 Jahre: Dieser Idiot von Partner muss weg!

 53 Jahre: Mein Po muss wieder her!

 63 Jahre: Die Arthrose muss weg!

 73 Jahre: Eine Traumreise auf dem Schiff muss her!

 83 Jahre: Dieses Alte-Leute-Gerede muss weg!

 93 Jahre: Ein Tanzpartner in diesem Heim muss her!

103 Jahre: Die Windel muss weg!

Wir haben unseren eigenen Kopf

Unser weiblicher Kopf war nicht nur jahrhundertelang die Zielscheibe von Männerwitzen, sondern auch wissenschaftlicher Untersuchungsgegenstand – meist mit der Prämisse zu beweisen, warum wir »Weiber« dümmer seien als Männer. Über Jahrhunderte war ganz klar: Das weibliche Gehirn sei kleiner, demnach könnten wir gar nicht so klug wie Männer sein. Erst als sich die Frauenemanzipation nach so vielen Kämpfen Bahn brach und offenbar ein paar graue Herren samt deren grauen Zellen doch ins Grübeln brachte, kam die revolutionäre Idee auf: Vielleicht zählt in Sachen Gehirn doch weniger die Masse als die Klasse? Aber spielt die Größe überhaupt eine Rolle? (Männern allen Alters und jeglicher Herkunft sei gesagt: Es geht hier nicht um die Größe anderer Gliedmaßen, sondern nur um die des Gehirns!) Die nächste Frage tauchte dann aber auch bald auf: Was ist nun Biologie und was ist anerzogen?

Heute noch streiten sich Forscher und Aktivisten in schöner Regelmäßigkeit darüber, was bei den geschlechtsspezifischen Eigenheiten des Gehirns nun angeboren ist und was durch Sozialisation erreicht wurde. Einig sind sie sich jedoch über die Fakten: Das weibliche Gehirn ist im Durchschnitt zwar kleiner (Volumen 1,2 Liter) als das männliche Gehirn (1,4 Liter Volumen), aber mindestens ebenso leistungsfähig. Außerdem stimmen die Wissenschaftler darin überein, dass wir Frauen ganz anders in den grauen Zellen vernetzt sind und deshalb beispielsweise empathischer sein können, Männer hingegen können zielorientierter vorgehen. Und die allerallerneuesten Studien gehen nun davon aus, dass nicht irgendein Gen auf der X- oder Y-Seite dabei eine entscheidende Rolle spielt, sondern männliche und weibliche Gehirne einfach anders in ihren jeweiligen Kommunikationswegen organisiert sind.

Neu in der Wissenschaft ist seit etwa zehn Jahren auch die Erkenntnis, dass sowohl männliche wie auch weibliche Gehirne nicht so unflexibel sind, wie alle bisher glaubten. Wir können ständig (auch noch ab achtzig!) ganz neue Synapsen bilden, was wiederum heißt: noch mal umdenken, uns noch mal neu erfinden, neue Sprachen lernen und überhaupt unser Leben noch mal auf den Kopf stellen.

Unser Gehirn ist einfach sehr anpassungsfähig und wird nicht nur durch Hormone, sondern auch durch Erfahrungen und Tätigkeiten geprägt. So nimmt etwa bei Londoner Taxifahrern, die sich im Laufe ihrer Ausbildung das gesamte Straßennetz einprägen müssen, das Volumen des Hippocampus zu, ein Hirnareal, das bei der räumlichen Orientierung eine große Rolle spielt. Bei Pianisten verändern sich der Motorcortex, der die Hände kontrolliert, und der auditorische Cortex. Und wen wundert es: Bei Fußballspielern wachsen die Hirngebiete, die für die Kontrolle des Ballspielens zuständig sind.

Jenseits dieser Besonderheiten sind sich die Wissenschaftler nun aber auch darüber einig, dass die weiblichen Gehirne insgesamt aktiver sind. Das ruhende Gehirn gesunder Frauen war in Untersuchungen bei 65 Arealen aktiver als das der Männer, bei Konzentrationsaufgaben reagierten 48 Areale stärker, wie die Forscher berichten. Einer der bei Frauen aktiveren Bereiche war der präfrontale Cortex, die Region hinter der Stirn, die für Impulskontrolle,

Aufmerksamkeit und Entscheidungen zuständig ist. Nach Ansicht der Wissenschaftler erklärt dies, warum Frauen oft bessere Selbstkontrolle, Empathie, Intuition und eine höhere Neigung und Begabung zur Zusammenarbeit mit anderen besitzen.

Meine Freundin Kikki ist Psychologin. Sie findet solche Themen extrem spannend und beißt sich gerne daran fest. Sie will dann immer noch mehr wissen und fragt: »Aber warum ist das nun so?«

»Der Kopf ist fit, aber die Haut macht schlapp, that's all«, sage ich, und Kikki lacht, ehe sie meint: »Genau! Das ist die nächste spannende Frage: Welche Unterschiede gibt es zwischen einem jüngeren und einem älteren weiblichen Gehirn?«

»Ist doch ganz logisch: Wir haben mehr Erfahrungen, und deshalb fehlt uns naturgemäß die jugendliche Leichtigkeit«, antworte ich.

»Das ist zu einfach«, widerspricht sie mir. »Das ist bei Männern genauso und erklärt außerdem nicht, was sich dabei im Hirn abspielt!«

Und Kikki wäre nicht Kikki, wenn sie nicht sofort daraufhin googeln würde, ob und wie sich ein Frauenkopf im Inneren im Laufe der Jahre verändert.

»Ich hab's!«, ruft sie bald und erklärt: »Das weibliche Gehirn ab fünfundvierzig Jahren verändert sich sogar dramatisch. Spezifisch für Frauen ist: Immer wenn unser Gehirn von Östrogenen überströmt wird, konzentrieren wir uns sehr intensiv auf die Kommunikation mit anderen, auf Gefühle und Verständnis. Die Gabe, Konflikte lösen zu können, Freundschaften aufzubauen und anhand von Mimik und Stimme bei anderen deren Gefühlszustand deuten zu können, bedeutet aber auch, sich selbst in den Hintergrund zu stellen.

Wenn die Gehirnabschnitte, die für Emotionen zuständig sind, etwa ab Mitte vierzig nicht mehr durch Hormonausschüttungen überreizt werden, fühlen sich Frauen zufriedener, gelassener und sorgloser. Das sorgt dafür, dass wir klarer denken können und mit uns und unseren Gefühlen viel mehr im Reinen sind als die Jahre zuvor.

Ein verringerter Dopamin- und Oxytocinfluss sorgt dafür, dass wir uns nicht mehr so sehr darauf konzentrieren, wie es den anderen geht. Wir suchen eher eine bessere Verbindung zu uns selbst und machen uns deshalb weniger abhängig von den Meinungen anderer. Wir opfern uns deshalb auch weniger für andere auf.«

Kikki fügt hinzu: »Deshalb nehmen wir zwei Hübschen uns nun auch mehr Zeit füreinander – nämlich weil es uns Spaß macht, uns zu sehen. Weil wir die Familie auch mal hintanstellen. Weil wir verstanden haben, dass das Leben endlich ist und wir in unserer Restlaufzeit mehr auf uns selbst als auf andere achten sollten!«

»Und das erklärt auch, warum es mir zunehmend egal ist, was andere über mich denken!«, ergänze ich.

»Genau!«, sagt Kikki. »Ist das nicht wunderbar?«

Ich nicke und meine: »Lieber ein paar Falten im Gesicht, aber endlich einen freieren, *eigenen* Kopf. Endlich sind wir alt genug, um nicht mehr jung sein zu müssen!«

Männer verführen, reloaded

Ab vierzig haben wir zwar alle so unsere Tricks auf Lager, aber ich wollte es nun noch einmal genau wissen und habe aus einschlägigen Büchern und bei Gesprächen mit Freudinnen die wichtigsten Ratschläge zum Verführen von Männern herausgefiltert. Erstaunlicherweise lassen sie sich auf zehn Punkte reduzieren, die in verschiedenen Varianten immer wieder auftauchen:

- Sich sexy kleiden mit Minirock, rot lackierten Fingernägeln und High Heels.
- Ihm das Gefühl geben, er sei großartig und er würde *Sie* verführen.
- Ihm das Gefühl geben, er sei der Größte, und Klamotten von ihm tragen, in denen er Sie supersexy findet (weil sie ja ihm gehören, dem Besten!).
- Ihm signalisieren, dass Sie ihn in bestimmten Bereichen brauchen und er Sie »retten« kann. Ohne ihn könnten Sie beispielsweise niemals herausfinden, warum die Sicherung herausgesprungen ist. Aber natürlich niemals ein emotionales Messer auf die Brust setzen (»Ohne dich könnte ich nicht leben!«).
- Wissend und zugleich unschuldig lächeln – er wird Sie als Frau mit einem großen Geheimnis sehen.
- Begeisterung zeigen – und zwar im Anfangsstadium nicht für ihn, sondern für irgendetwas, das Ihnen sonst noch wichtig ist: Ihren Job, Ihr Hobby oder das Reisen. Jeder Mann schließt daraus: Die Frau ist leidenschaftlich!

- Ganz bei sich selbst sein und beispielsweise nicht nervös am Ohrläppchen herumzupfen. Zur Schau getragene Unsicherheit killt jeden Jagdinstinkt von Männern. Er will Sie beschützen, aber nicht Ihre psychischen Probleme lösen!

- Bloß keinen weiblichen Perfektionismus heraushängen lassen nach dem Motto: Sollte es mit uns noch was werden, werde ich die Wohnung ganz nach meinen Vorstellungen einrichten. Denn Männer haben kein ästhetisches Gefühl für so was, wie uns die Erfahrung lehrt.

- Ihn unauffällig auf die Idee bringen, was man zusammen nach dem ersten Rendezvous unternehmen könnte, und es als seinen grandiosen Vorschlag erscheinen lassen. Wollen Sie beispielsweise ins Schwimmbad mit ihm, schwärmen Sie ihm von dem tollen Bad vor, in dem Sie neulich mit Ihrer Freundin waren und was für eine Entspannung das bei Ihnen bewirkt hat. Blitzartig wird *er* auf die Idee kommen: »Das könnten wir ja auch machen!«, und Ihnen einen Schwimmbadbesuch vorschlagen.

- Ihm das Gefühl geben, genau so, wie er ist, sei er perfekt. Dabei übersehen, dass er Hosen von anno 1999 trägt, beim Essen mit vollem Mund spricht und seine Bartpflege, sagen wir mal: »suboptimal« ist. Nörgeleien und Kritik auf später verschieben – denn wenn Sie ihn erst mal in der Tasche haben (wobei er glauben wird, *er* hätte *Sie* erobert), können Sie alle vorherigen Punkte wieder vergessen und müssen sich nicht mehr anstrengen, wenn Sie nicht wollen.

Frauen und Technik

Feen sind heute auch nicht mehr das, was sie einmal waren – sie tauchen nicht mehr nachts vor dem Einschlafen oder in einem einsamen Waldstück auf, sondern mitten im Trubel auf dem Flughafen. Also meine Fee zumindest. Ich hatte morgens verschlafen, raste zum Flughafen und hastete gerade zum Gate, das schon länger für den Check-in geöffnet hatte, als mir eine Stimme ins Ohr säuselte: »He, hier spricht deine gute Fee. Du bist jetzt in die bessere Hälfte des Lebens gerutscht. Entschuldige bitte, ich hatte deinen Geburtstag vergessen und dir nicht gratuliert. Das hole ich jetzt zugegebenermaßen etwas verspätet nach – aber ich stelle dir drei Wünsche dafür frei!«

Perplex blieb ich stehen und rief spontan: »Ich will keine einzige weitere Falte mehr kriegen!«

»Der Wunsch wird dir erfüllt!«, raunte die Stimme.

Und weil ich danach in der Handtasche kramte, um den Ausdruck der Bordkarte zu suchen, rief ich spontan erneut: »Ich möchte ein iPhone, das neueste Modell!«

Sie müssen wissen, dass mir mein Sohn Lukas schon lange damit im Ohr lag und mich als »süß old-fashioned« bezeichnete, weil ich Bordkarten und andere Utensilien aus dem vordigitalen Zeitalter mit mir herumschleppe, ganz so, als würde ein neueres Smartphone das Reiseleben heute nicht viel einfacher machen. Was mir Lukas schon aufzählte: Da ist eine Uhr drin, die du als Wecker einstellen kannst! Mit einem guten Smartphone, am besten natürlich einem iPhone, kannst du dir einen Fotoapparat sparen. Musst du nicht mehr mitschleppen! Und du kannst alle Spiele auch digital spielen.« Gut, das mit den Spielen ist mir egal. Aber eine gute und nicht so sperrige Kamera wollte ich schon lange haben. Und außerdem kam ich mir mittlerweile auch ziemlich blöd vor, als einzige U-70erin beim Boarding noch einen Ausdruck vorzuzeigen. Es war verdammt noch mal an der Zeit, endlich die technischen Versäumnisse der letzten Jahre aufzuholen! Denn ich besaß zwar ein Smartphone, aber die Nutzung schien mir zu kompliziert. Und Lukas meinte eben, ein iPhone würde ich ganz intuitiv verstehen.

Deshalb wünschte ich mir ganz spontan das iPhone als zweiten Wunsch von der Fee. Und ehe ich mich's versah, lag es in meiner Handtasche.

Erst im Flieger wurde mir klar, was ich doch für ein Trottel war: Ich hätte mir ebenso gut zehn Millionen wünschen – und davon locker nicht nur *ein* iPhone kaufen können! Ist frau mit vierzig schon so alt geworden, dass sie gar keine großen Wünsche mehr hegt? Sind wir plötzlich ganz kleingeistige Nicht-über-den-Tellerrand-hinaus-Seherinnen geworden? Nein! Anderen Frauen in meinem Alter wäre bestimmt Klügeres eingefallen. »Depp!«, schimpfte ich mich selbst auf Bayerisch. Aber immerhin: Das mit den Falten hatte ich sofort richtig in die Wege geleitet. Klar wurde mir dabei aber auch, dass ich nun beim dritten Wunsch umso gründlicher vorher überlegen sollte. Bloß nicht wieder so ein Spontanwunsch, den man hinterher bereut wie die Shoppingattacke kürzlich im Einkaufscenter! Ich habe drei Paar Schuhe im Schrank, die ich aus irgendeinem Reflex heraus gekauft und bisher kein einziges Mal getragen habe!

Nach meiner Geschäftsreise grüble ich darüber, was ich mir als Nummer drei wünschen soll. Ewige Gesundheit? Oder einen neuen Traummann? Oder jeden Tag glücklich zu sein? Aber kann die Fee überhaupt solche Wünsche erfüllen? Ist das nicht zu hoch gegriffen? Es wälzt sich in meinem Kopf hin und her – und derweil beschäftige ich mich mit meinem neuen iPhone. Weil Lukas mal erzählt hat, wie die Eltern eines Freundes nerven, weil sie ständig etwas technisch erklärt haben wollen, verkneife ich mir die Hilfeanrufe bei meinem Sohn. Ich google »Wischbewegungen bei iPhone«, probiere aus, ob der Wecker klingelt, auch wenn ich das Gerät auf stumm geschaltet habe, und richte mir die Fitness-App eigenständig ein. Hurra! Von wegen Frau und Technik! Von wegen »zu alt für technische Neuerungen«! Bis auf zwei Kleinigkeiten kann ich alles alleine lösen. Und bei diesen zwei Kleinigkeiten behauptet mein Sohn hinterher, das sei ein »Bug« beziehungsweise falsch von Apple programmiert.

»Bei Siri haben sie das jetzt in der neuen Version auch verbessert!«, meint Lukas.

»Wie, Siri, was ist das?«, frage ich.

Lukas lacht auf. »Mom! Sag mal laut ›Hey, Siri!‹.«

Tatsächlich – eine Stimme meldet sich: »Wie kann ich dir behilflich sein?« Und weil ich so perplex bin und mir nichts einfällt (ich will ja nicht schon wieder vorschnell etwas wünschen), fragt die Stimme nach: »Ich bin ganz Ohr!« Dann verschwinden die Stimme und die App wieder wie von ganz alleine.

Wie konnte mir bisher die Möglichkeit einer Sprachfunktion nur entgehen? Neue Welten eröffnen sich mir! Ich kann Siri befehlen, eine Nummer zu wählen, eine Notiz aufzuschreiben oder meinen Lieblingssong abzuspielen. Ich bin schwer begeistert. Also: *Theoretisch* kann ich das alles tun. Praktisch scheitere ich jedoch aus mir nicht verständlichen Gründen. Wenn ich möchte, dass Siri mir einen journalistischen Beitrag vorliest, antwortet mein iPhone: »Es gibt nichts, was ich dir vorlesen kann.« Aus der Musik-App kann ich die Playlist nicht abrufen, das Versenden einer Mail scheitert daran, dass Siri meine Adressangabe nicht versteht, und trotz meines Befehls macht Siri auch kein Selfie von mir. Aber, ha! So schnell gebe ich nicht auf, ich werde das noch alles lernen!

Ich bin so wild darauf, das iPhone samt Siri endlich zum Laufen zu bringen, dass ich selbst an den letzten freien Wunsch der Fee nur noch vor dem Einschlafen denke.

Alex beschwert sich eines Tages: »Du bist ja schlimmer als die Kinder! Du starrst nur noch auf dein Handy! Sogar beim Essen.«

Grummelnd lege ich es weg und führe eine einsilbige Unterhaltung mit meinem Mann. Statt seiner Büroerlebnisse oder der Ausführungen zu seinem überbordenden Hobby der Linguistik würden mich jetzt die Geheimnisse von Siri viel dringender interessieren! Endlich ist das Essen vorbei, ich ziehe mich schnell zurück und nehme mir wieder das iPhone vor – heute habe ich den ganzen Abend Zeit, heute werde ich die tieferen Geheimnisse des Geräts noch erkunden.

Ich schalte Siri wieder ein. »Was wünschst du dir nun?«, fragt mich eine freundliche Stimme, die irgendwie anders klingt als Siri sonst. Aber egal – wieso sich die Stimme ändern kann, werde ich auch noch herausfinden.

»Schicke Alex eine Nachricht, dass er den Tisch abräumen und die Spülmaschine einräumen soll!«

Jaaaa! Es klappt völlig problemlos! Siri schickt meinem

Mann diese Nachricht. Alex wird sich zwar wundern, aber egal – so hab ich schon mal eine erste Textnachricht verschicken können, ohne irgendetwas einzutippen.

Nach und nach lerne ich in den nächsten Tagen auch Notizen schreiben, eine Playlist abzuspielen und den Wecker umzustellen – alles mit Siri. Und ganz ohne Hilfe meines Sohnes.

Geschafft. Jetzt denke ich wieder an den dritten Wunsch der Fee. Ich glaube, ich werde mir ewige Gesundheit wünschen. Ob sie den Wunsch erfüllen kann? Ach, ich werde sie einfach fragen, ob das geht!

Fast hätte ich gerufen: »Hey, Siri!« Aber ich besinne mich gerade noch und rufe: »Hey, gute Fee!«

»Was kann ich für dich tun?«, fragt mich eine freundliche Stimme.

»Kannst du mir den dritten Wunsch erfüllen und mir ewige Gesundheit schenken?«

»Tut mir leid, das kann ich leider nicht für dich tun!«, antwortet die freundliche Feenstimme fast im gleichen Tonfall wie Siri.

»Hm, schade«, antworte ich. »Ist das ein zu großer Wunsch für dich?«

»Nein, ich kann alle Wünsche erfüllen, aber du hast deine drei schon aufgebraucht!«

»Wie, was? Der dritte ist noch frei. Ich hab extra so lange überlegt!«

»Nein!«, beharrt die Feenstimme. »Vor fünf Tagen hast du deinen dritten Wunsch schon erfüllt bekommen.«

»Das kann nicht sein!«, erwidere ich. »Ich hatte dich doch gar nicht gerufen!«

»Ich hab mich bei dir gemeldet und dich gefragt, was du dir wünschst. Und da hast du gesagt, ich solle Alex eine

Nachricht schicken, dass er den Tisch abräumen und die Spülmaschine einräumen soll.«

Ich starre schockiert auf mein iPhone und lasse den Blick allmählich in den Sternenhimmel gleiten, um mich darin zu verlieren, bis ich zur tieferen Erkenntnis gelange: Das Klischee von »Frauen und Technik« ist in meinem Fall nicht nur ein Märchen.

Aber immerhin bin ich so nun wieder technisch anschlussfähig und auf diese Weise sogar zu einem Navi gekommen. Aber das ist eine andere Geschichte (siehe Kapitel *Neue Wege*).

Das Geheimnis der Mona Lisa

MB

Mona Lisa, ich bedanke mich dafür, dass Sie mir ein Interview geben. Sie gelten als die geheimnisvollste Frau und als eine der größten Stilikonen der abendländischen Malerei. Wie erklären Sie sich das?

MONA LISA

Zunächst möchte ich mal klarstellen, dass Mona Lisa sozusagen nur mein Künstlername ist. Mona ist nicht mein echter Vorname …

MB

Klingt aber gut …

MONA LISA

Das »Mona« kommt von einem Rechtschreibfehler, irgendjemand hat die Anrede »Monna«, die früher in Italien für »Frau« gebräuchlich war, falsch abgekürzt und stattdessen »Mona« geschrieben.

MB

Wie heißen Sie denn wirklich?

MONA LISA *(lächelt leicht)*

Das ist immer noch mein Geheimnis. Die meisten Kunsthistoriker vermuten, dass ich Lisa del Giocondo heiße. Deshalb bin ich auch in Italien unter »La Gioconda« und nicht unter »Mona Lisa« bekannt. In Frankreich übrigens ganz ähnlich. Da geht man in den Louvre, um »La Joconde« zu sehen. Andere wieder vermuten, mein echter Name sei Pacifica Brandani.

MB

Wollen Sie mir das Geheimnis verraten?

ML *(lacht laut)*

Nein, meine Liebe, das ist Teil meines Erfolgs!

MB

Über Ihre wahre Identität spekulieren zu lassen?

ML

Auch, ja, ein Teil davon.

MB

Und der andere Teil?

ML

Abgesehen von mir, meiner Person, muss natürlich zuerst Leonardo da Vinci genannt werden. Ein großartiger Künstler! Wenn nicht der größte überhaupt, den es jemals gab! Vergleichen Sie mal die Kopien seiner Bilder mit den Originalen, und Sie werden feststellen, dass bei den Kopien Entscheidendes fehlt. Und übrigens auch bei den ersten Versuchen, für die ich Leonardo Modell stand.

MB

Leonardo malte Sie mehrmals?

ML

Ja! Also, er machte zuerst ja immer Skizzen und Zeichnungen. Und mindestens einmal malte er mich auch, verwarf aber dieses Bild. Es ist übrigens neulich erst aufgetaucht. Weil da Vinci oder ein anderer mein Porträt übermalt hatte und sich erst hinterher herausstellte, dass unter der Oberfläche noch die ursprüngliche Fassung liegt.

MB

Was? Es gibt eine zweite Mona Lisa?

ML

Nein, es gibt ein zweites Bild von mir, aber keine zweite Mona Lisa!

MB

Wie soll ich das jetzt verstehen?

ML

Sie haben doch heute dieses Internet, in dem alles zu sehen ist?

MB

Ja, schon, aber …

ML

… dann vergleichen Sie mal beide Bilder. Das erste, das Leonardo verworfen hat, dem fehlt etwas ganz Entscheidendes.

MB

Sie meinen, es ist künstlerisch nicht so gelungen?

ML

Genau. Aber es lag auch an mir. Zwischen den beiden Gemälden lagen ein paar Jahre, in denen mir Entscheidendes klar wurde.

MB

Das heißt, Sie waren in der ersten Version sogar noch jünger – und doch noch nicht so schön, wie wir Sie heute aus dem Louvre kennen?

ML

Exakt!

MB

Hat da Vinci ein paar Fältchen einfach unterschlagen?

ML *(lächelt kopfschüttelnd)*

Nein, nein, das hätte der Meister nie getan – also, das vermute ich jedenfalls, so gut kannte ich ihn dann auch wieder nicht.

MB

Na ja, zu Ihrer Zeit war das noch anders. Heute fotografieren wir ja und bearbeiten anschließend unsere Bilder mit einem Programm, mit dem wir die Fältchen wegretuschieren.

ML *(lächelt souverän)*

Ja, das hat man mir schon gesagt.

MB

Sie haben auch leicht lächeln – Sie werden ewig jung in Erinnerung bleiben.

ML *(lächelt)*

Meine Liebe, das alleine macht es doch nicht aus! Warum sind dann so viele andere Frauenporträts in Vergessenheit geraten? Die Damen darauf blieben auch ewig jung!

MB

Ja, das stimmt, das ist natürlich ein Gegenargument. Also liegt Ihr Erfolg doch an der großen Kunst des Meisters da Vinci?

ML

Wie ich schon sagte – ein Teil davon.

MB

Und der andere Teil?

ML

Vergleichen Sie doch mal die Bilder der Kopisten und das von mir in der früheren Fassung. Sie können doch jetzt auch schon mit diesen kleinen Fernsprechapparaten im Internet alles sehen!

MB *(kramt das Smartphone hervor)*

Gut, dann sehe ich gleich nach! … Also, ja, hier sind die anderen Bilder … Zwar etwas klein, aber ich sehe schon … Ja, Sie haben auch da recht. Da fehlt etwas bei den Kopisten … die Bilder schlagen nicht so in den Bann.

ML *(lächelt geheimnisvoll)*
Sehen Sie den Unterschied?

MB

Ja, den sehe ich – aber ich weiß nicht, woran es liegt, dass nur dieses eine Bild von Ihnen so großartig ist und die anderen bei Weitem nicht so faszinierend.

ML

Sehen Sie sich die Augen an. Und den Mund.

MB

Hm … irgendwie ganz ähnlich … und dann doch wieder nicht … Ich komm nicht drauf!

ML

Überlegen Sie mal, was eine Frau attraktiv macht.

MB

Ein ebenmäßiges Gesicht, große Augen, volle Lippen, glänzende Haare.

ML

Ich bitte Sie! Das ist doch nicht alles!

MB

Alles vielleicht nicht, aber eine Grundvoraussetzung …

ML

… die völlig überschätzt wird von den meisten Frauen bei der Wirkung auf Männer!

MB

Sie haben leicht reden, Sie haben ja schon von Natur aus eine erotische Ausstrahlung!

ML

Nein, da täuschen Sie sich! Das war nicht immer so! Erst als ich älter wurde, wirkte ich erotischer. Und das macht den ganzen Unterschied aus.

MB

Jetzt verstehe ich gar nichts mehr.

ML

Ach, meine Liebe … Wie alt sind Sie?

MB

Also … ähm … ich sage das ungern …

ML

Gut, lassen Sie es! Ich wollte damit auch nur sagen, dass Sie doch schon in der zweiten Lebenshälfte angekommen sind, oder?

MB

Ja, schon.

ML

Dann müssten Sie doch eigentlich wissen, was meinen Erfolg und eine erotische Ausstrahlung zum großen Teil ausmacht. Mit über vierzig weiß eine Frau das doch!

MB

Hm … also das ist mir jetzt peinlich, aber ich weiß nicht, worauf Sie hinauswollen.

ML

Dann gebe ich Ihnen noch einen Tipp – wie wird mein Lächeln oft bezeichnet?

MB

Hm … »geheimnisvoll«!

ML

Bingo, wie die Leute heute immer sagen. Jetzt sind Sie auf der richtigen Spur!

MB

Ja!!! Jetzt weiß ich es! Dieses Geheimnisvolle macht es aus!

ML

Exakt! In diesen Jahren zwischen den zwei Gemäldeversionen habe ich erkannt, dass jede Frau ein Geheimnis haben muss, um unwiderstehlich anziehend zu sein und zu bleiben. Und das darf sie nie aufgeben oder verraten. So bleibt sie für jeden Mann noch spannend und also attraktiv. Jede Frau mit ein bisschen Erfahrung, die das noch nicht verstanden hat – also der ist wirklich nicht mehr zu helfen.

MB

Mona Lisa! Ich danke Ihnen für das Gespräch – und Ihr Geheimnis, das Sie mir damit verraten haben!

Speed

Ich muss gleich eingangs gestehen, dass ich trotz der Kapitelüberschrift nie Drogen genommen habe und eigens nachschlagen musste, was »Speed« eigentlich ist. Wikipedia erklärt »Speed« ganz einfach als Amphetamin mit einer stark aufputschenden Wirkung, das vor allem in der Party-Szene verbreitet ist.

In meinem Ü-40-Kopf ist »Speed« wesentlich langweiliger und ganz ohne Verruchtheit oder Glamour mit etwas anderem verknüpft – mit der Zeit. Sie rast. Und ich mit ihr. Dabei bin ich sozusagen auf »Speed«.

Als ich kürzlich mal die Postkarte mit der Aufschrift »Weihnachten kommt immer so plötzlich« sah, kaufte ich gleich zwei Dutzend, um sie an alle Freunde und Bekannte in meinem Alter zu verschicken. Das Feedback war überwältigend: »Ja, genau!«, »Auch der Geburtstag!« und »Dabei war doch erst Ostern, wie recht du hast!«

Auch wenn ich weltanschaulich, politisch oder ästhetisch mit gleichaltrigen Freunden und Bekannten verschiedener Meinung bin, bei einem Punkt sind wir uns einig: Die Zeit rast plötzlich dahin. Als vernunftbegabte Wesen, wie wir Frauen es sind, wissen wir natürlich, dass das Zeitempfinden nur subjektiv sein kann. Denn weder Paulchen Panther noch sonst wer hat an der Uhr gedreht. Okay, Einsteins Relativitätstheorie begriff die Zeit auch nicht als abstrakte Größe – aber in diese physikalischen Tiefen werde ich nie und nimmer vordringen. Mir geht es hier und jetzt schlicht darum, dass die Zeit zwischen Geburtstagen (und noch schlimmer: zwischen den Tagen, an denen das Badezimmer geputzt werden muss!) sich immer mehr verkürzt. Werde ich dereinst zwischen meinem 90. und 91. Geburtstag glauben, es wäre nur ein Tag vergangen?

Irgendwann auf Speed zwischen Weihnachten, Badezimmerputzen, Büroalltag, Einkaufen und Ostern beschließe ich, mal kurz runterzukommen, mir eine Auszeit zu nehmen und der Sache nachzugehen, warum ab einem bestimmten Alter die Zeit sich vermeintlich so beschleunigt.

Wissenschaftler haben gleich mehrere Erklärungsansätze dafür: Zum einen erkläre sich das Phänomen aus der Relation einer bestimmten Zeitspanne zum Lebensalter. Für eine Fünfjährige entspricht ein Jahr einem Fünftel ihres Lebens, für eine 90-Jährige nur einem Neunzigstel. Entsprechend kurz empfinden und bewerten wir ein Fünftel oder Neunzigstel.

Andere Forscher widersprechen diesem zu »mathematischen Ansatz«, denn er berücksichtige nicht die konkrete Situation unserer Psyche. Jede kennt das Phänomen: Eine halbe Stunde im Wartezimmer des Arztes zu sitzen entspricht einem gefühlten Tag – eine halbe Stunde mit der besten Freundin beim Wein über Typen abzulästern fühlt sich hinterher wie fünf Minuten Lebenszeit an.

Doch warum ist das nun so? Die meisten Forscher sind sich darüber einig, dass die Routine der ausschlaggebende Faktor ist. Je langweiliger und gewöhnlicher Abläufe im Alltag sind, desto weniger neu prägen sie sich in unser Gehirn ein. Wenn ich täglich mit dem gleichen Mann frühstücke, um acht Uhr ins Büro fahre und um neun Uhr das Meeting mit den immer gleichen Kollegen habe, speichert das Hirn das »Business as usual« erst gar nicht mehr richtig ab. Wache ich hingegen an einem Mittwochmorgen nach einer durchzechten Nacht mit einem wildfremden Mann im Hotelzimmer auf, frühstücke anschließend mit einer zufällig im Raum anwesenden Lady Gaga und kündige um neun Uhr meinen Job beim Chef mit einem »Was ich Ihnen schon immer sagen wollte: Sie sind ein Arschloch!«, bucht mein Hirn das in der Abteilung »Neues, Aufregung, Umstellen!« ab.

Mit zunehmendem Alter passiert uns aber immer weniger wirklich Neues, wie es vorher der erste Kuss, der erste qualifizierte Job oder der erste Urlaub in Fernost für uns waren. Je weniger aufregend emotional Neues wir erleben und beispielsweise die Reise in ein fernöstliches Land innerlich als »schon mal gesehen« bewerten, desto stärker entschleunigt sich rückwirkend die Zeit, so paradox das auch klingt.

Das heißt nun aber auch umgekehrt, dass wir den Schlüssel zu einem »Speed-Down« auch selbst in der Hand haben. Je mehr ich noch Neues anstrebe und erlebe, desto erfüllter werden meine Jahre rückblickend sein. Schon alleine deshalb sollte ich beginnen, meine übrigen Lebensträume nicht mehr wegzuschieben, und anfangen, wieder Neues zu erleben. Also Gitarre lernen, mir ein Tattoo stechen lassen und einmal eine Nacht ganz alleine in einem Luxushotel verbringen.

Das ist alles unvernünftig, kostet Geld und hat keinen praktischen Nutzen – aber es scheint ein Jungbrunnen zu sein, der unterm Strich dann sogar noch billiger ist als eine Schönheits-OP. In diesem Sinne, Ladys: täglich auf zu Neuem!

Sommer, Sonne, Urlaubsfeeling

Ein Paar, 45+, liegt an einem südlichen Strand mit Blick auf das Meer. Der Mann liest in einer Zeitung, die Frau löst auf dem Smartphone ein Sudoku. Beide schweigen.

SIE *(schaut auf)* Was für eine Schönheit, die Frau in dem grünen Bikini. Und alles noch so stramm und fest.

ER *(kurz aufblickend)* Das gibt's ja nicht! Das muss ich in der Zeitung lesen, und keiner gibt mir Bescheid. Italiener! Gesperrt wegen Korruption! Das Spiel gegen Liverpool wurde abgesagt! Das heißt dann ja, dass wir nachrücken … und das heißt, dass wir schon in drei Tagen spielen und nicht erst in einer Woche!

SIE *(mit Blick auf das Meer und die Badegäste)* So schön war ich nie, aber vor zwanzig Jahren wenigstens noch ohne Bauch und Cellulite. Der schauen alle nach!

ER *(blickt auf)* So ein Mist! Was mach ich nur? Ich würd am liebsten gleich die Koffer packen. Aber Schatzi wird mir was geigen, wenn ich vorzeitig abreisen will.

SIE *(schielt zu ihm)* Jetzt hat er sie auch entdeckt! Der starrt sie regelrecht an! Hat der keinen Anstand mehr? Liegt direkt neben mir und glotzt die Frau im grünen Bikini an!

ER *(blickt wieder in die Zeitung)* Oder hab ich mich

verlesen? Nein, stimmt schon! In drei Tagen dann! *Das* Spiel des Jahres! Was für ein Glück für uns! Und ich soll hier an diesem faden Strand liegen, statt im Stadion zu sein?

SIE Immerhin schaut er wieder in die Zeitung, aber gut, die Tussi ist jetzt auch im Wasser. Früher war das am Strand auch schöner. Als ich selbst noch knackig war und mir die Jungs nachgesehen haben.

ER Ich muss nachher gleich Andi anrufen. Schatzi hat vielleicht doch recht, dass ich mein Smartphone ruhig mit an den Strand nehmen kann, wir gehen eh getrennt ins Wasser, damit immer einer auf die Sachen aufpasst. Sie will ihres ja immer dabeihaben.

SIE Darum lässt er vielleicht das Handy immer im Hotel. Damit er den jungen Weibern ungestört nachglotzen kann, wenn ich im Wasser bin!

ER *(schaut wieder auf)* Vielleicht sollte ich ins Wasser gehen. Vielleicht fällt mir beim Schwimmen etwas ein, wie ich Schatzi dazu bringe, dass wir früher heimfahren.

SIE Er hat ja gar keine Hemmschwellen mehr vor mir. So wie der starrt und glotzt!

ER *(streckt sich vor)* Ah, der Typ unter dem grünen Sonnenschirm hat auch eine deutsche Zeitung. Sollte ich vielleicht mal hingehen und fragen. Nicht dass es eine Ente ist. Vielleicht weiß der mehr.

SIE Das wird ja immer noch schöner! Jetzt verdreht er den Hals auch noch nach der vollbusigen Blondine unter dem grünen Sonnenschirm. Schamlos! Entwürdigend!

ER Ach, ich kann doch nicht einfach fremde Leute anquatschen, auch wenn sie Deutsche sind …

SIE Und wie der guckt! Richtig frustriert. Bloß weil ich nicht mehr so prall bin und der andere eine so junge, vollbusige Blondine hat!

ER Ich muss bei dem Spiel dabei sein! Wie könnte ich Schatzi nur beibringen, dass ich heimwill?

SIE So macht das alles keinen Spaß mehr am Meer, am Strand. Wenn der eigene Mann nur noch jungen Dingern hinterhergafft.

ER Vielleicht sollte ich Fieber vortäuschen? Aber nein, das merkt sie!

SIE Ich lass mir jetzt auch Botox und so ein Zeug spritzen! So geht das nicht mehr weiter. Das machen doch alle, und ich falle nur deshalb auf, weil ich es nicht mache!

ER Und wenn ich behaupte, dass was mit den Kindern ist? Nee, glaubt sie mir nicht, seitdem die aus dem Haus sind, erzählen sie sowieso ihr alles zuerst.

SIE Als die Kinder noch klein waren, hat er mit ihnen Sandburgen am Strand gebaut. Wahrscheinlich auch bloß deshalb, weil ich ihn da nicht beobachten konnte, wie er anderen Weibern nachguckt.

ER Schatzi schaut mich so komisch an. Passt ihr etwas nicht?

SIE Der Alte starrt den jungen Dingern nach und hat selbst einen Bierbauch!

ER Vielleicht stört sie ja auch mein Bierbauch, kein Wunder bei der jungen Konkurrenz hier. Die sind alle durchtrainiert bis zum Gehtnichtmehr. Aber nein! Schatzi hat mal gesagt, das ist ihr egal.

SIE Warum gebe ich eigentlich mein sauer verdientes Geld für eine Zeit aus, in der ich mich bloß ärgern muss, weil der alte Sack neben mir anderen Weibern nachschaut? … so schlimm! Mir kommen gleich die Tränen! Und jetzt kommt die Tussi im grünen Bikini wieder aus dem Wasser. Auch noch schön nass. Das geilt ihn bestimmt erst richtig auf.

ER Da kommt ja gerade 'ne richtige Schönheit aus dem Wasser, im grünen Bikini. Nach der hätte ich früher heimlich geguckt. Und jetzt denk ich nur daran, wie ich rechtzeitig zu meinem Verein und meinem Spiel komme!

SIE Ach, und jetzt schaut er demonstrativ weg, damit es nicht auffällt, dass ihm die da gefällt. Das ist demütigend! Nein, das lasse ich mir nicht mehr gefallen!

ER So ein Mist. Liverpool … das ist nicht zu schaffen, oder doch?

SIE Es gibt nur zwei Möglichkeiten: Ich jage ihn zum Teufel, oder ich meide mit ihm zusammen den Strand und die jungen Schönen.

ER Es gibt nur zwei Möglichkeiten: Entweder ich sage es ihr offen, dass ich abreisen möchte, oder ich füge mich in mein Schicksal.

SIE Nein, es gibt noch eine dritte Möglichkeit! Ich reise jetzt einfach ab, und dann sieht er mal, was er an mir hat! Dem werde ich es zeigen!

ER Was ist denn jetzt los? Schatzi packt ihr Zeug zusammen.

SIE *(laut sagend)* So, Schatz! Ich reise ab. Ich mag nicht mehr!

ER *(laut sagend/aufspringend)* Ich komme sofort mit dir mit! Ich liebe dich! Ich will immer in deiner Nähe sein!

Always the same old shit
but a different day

Bisher dachte ich ja immer, die Midlife-Crisis fiele ziemlich genau auf die Zeit um den vierzigsten Geburtstag. Aber meine Psychologen-Freundin Kikki belehrt mich eines Besseren: »Im Normalfall« tritt sie zwischen 35 und 50 Jahren auf. Und wo früher der Begriff praktisch nur auf Männer angewendet wurde, bezeichnet er heute auch die gleiche Sinnkrise bei Frauen im mittleren Alter.

Die Krise muss nicht zwangsläufig bei jeder kommen, aber wenn sie kommt, kann sie sich wiederum sehr heftig äußern: Manche verlassen die Familie für einen Neuen, kündigen den Job oder nehmen ein Sabbatical und reisen ein Jahr um die Welt. Wieder andere suchen sich seltsame Hobbys, gehen plötzlich in Fitness-Clubs, schlagen sich wie Jugendliche die Nächte in Bars um die Ohren, kaufen sich die teuersten Kleider oder legen sich psychische Krankheiten wie Hypochondrie zu. Die meisten von uns handeln es jedoch undramatischer – sie stellen einfach noch mal alles infrage, was bisher das Leben ausmachte. Hab ich den richtigen Job? Hab ich den richtigen Partner? Liegt es an mir, dass ich keine Beziehung habe? Hab ich nicht schon vor Jahren eine Rolle übernommen, die eigentlich nicht mehr zu mir passt? Hab ich mich selbst vernachlässigt? Wo und wie finde ich mich wieder?

Manchmal rollen stille Tränen, manchmal isst frau sich Speck an, manchmal kommt es zu Konflikten mit den Nächsten. In langjährigen Partnerschaften mit größeren

Kindern verstärkt sich die Sinnkrise meist auch zu einer Paarkrise, weil über die Elternverantwortlichkeit die »Beziehungspflege« vergessen wurde, man damit beschäftigt war, finanziell über die Runden zu kommen, und oft die eigenen Bedürfnisse viel zu lange hintanstanden.

Beim Mädelsabend kommen wir immer öfter darauf und auch auf körperliche Themen zu sprechen. Eine hat Rückenprobleme, die nicht mehr so wie früher schnell vergehen, alle hadern mit ihren Fältchen, die andere kommt mit 45 Jahren schon in die Wechseljahre, und die wieder andere lässt sich Botox spritzen. Alle stellen gemeinsam fest: Wir werden immer »unsichtbarer« und immer weniger als sexuell attraktive Frauen wahrgenommen.

Hinter allem steckt: Uns wird so um die vierzig plötzlich bewusst, dass rein statistisch die Hälfte unserer Zeit nun schon abgelaufen und unser Leben endlich ist. Und da die meisten von uns nicht mehr an Gott oder ein Leben nach dem Tod glauben, möchten wir die zweite Hälfte des Lebens noch so gut wie möglich verbringen und versuchen sie deshalb noch zu optimieren. Die Binse: »Jede Krise ist eine Chance« stimmt in dieser Lebenssituation besonders – denn wir erfinden uns im Kleineren oder Größeren noch einmal neu. Wir wollen keine Zeit mehr verschwenden mit Dingen oder Menschen, die uns nicht guttun.

Die Engländer haben das Sprichwort: »Always the same old shit but a different day.« Frauen ab vierzig lernen mit Karl Valentin daraus: »Ich freue mich darüber, älter zu werden, denn wenn ich mich nicht freue, werde ich es trotzdem.«

Bindungstest für
Partnerinnen ab vierzig

Vergeben Sie bei jeder Aussage 0 bis 100 Punkte. Insgesamt dürfen es nicht mehr als 100 Punkte sein.

Wie binden Sie Ihren Mann an sich?

A. Geschenke für seine Kollegen zur Weihnachtsfeier einpacken
B. Seine Hemden bügeln
C. Schweigend jeden Tag den Esstisch ab- und die Spülmaschine einräumen
D. Seiner Mutter Lebensmittel besorgen
E. Alle Quittungen für seine Steuererklärung sortieren
F. Vollstes Verständnis dafür zeigen, wenn der Dart-Abend mit den Kumpels wichtiger ist als der Beziehungstag
G. Ihn regelmäßig darüber informieren, was die Kinder so machen, auch wenn sie das selbst ausführlich erzählt haben, als er neben ihnen saß und Zeitung las
H. Ein romantisches Abendessen mit Kerzen und exklusivem Wein herrichten
I. Seine alten Klamotten aussortieren
J. Geilen Sex mit ihm haben

Auflösung auf der nächsten Seite

Auflösung Bindungstest für Partnerinnen ab vierzig

A. Hier sind keine Punkte zu erreichen.

B. Hier sind keine Punkte zu erreichen.

C. Hier sind keine Punkte zu erreichen.

D. Hier sind keine Punkte zu erreichen.

E. Hier sind keine Punkte zu erreichen.

F. Hier sind keine Punkte zu erreichen.

G. Hier sind keine Punkte zu erreichen.

H. Hier sind keine Punkte zu erreichen.

I. Hier sind keine Punkte zu erreichen.

J. Bingo! Hier und nur hier ist die volle Punktzahl 100 zu erreichen. Als Frau über vierzig wissen Sie das im Gegensatz zum jungen Gemüse.

Bindungstest für
Single-Frauen ab vierzig

Vergeben Sie bei jeder Aussage 0 bis 100 Punkte. Insgesamt dürfen es nicht mehr als 100 Punkte sein.

Wie binden Sie einen Mann an sich?

A. Von einer späten Familiengründung vorschwärmen

B. Davon berichten, wie schön es ist, dass der 14-jährige Sohn noch immer im Doppelbett an der eigenen Seite schläft

C. Einen Artikel aus einer Frauenzeitschrift zitieren, in dem darüber berichtet wird, wie sehr sich Männer ab vierzig endlich eine Erziehung wünschen

D. Schwärmerisch davon berichten, wie attraktiv frau als 14-Jährige noch gewesen ist (da war die Schwerkraft noch eine unbekannte Größe)

E. Mit Blick auf die Uhr ein romantisches Abendessen in einem Lokal sofort nach der Nachspeise verlassen (»Ich muss auch morgen noch gut aussehen und brauche deshalb viel Schlaf!«)

F. Vom Ex erzählen, der eine Drecksau war, weil er den Müll nicht wegbrachte

G. Die guten Seiten vom Ex aber auch nicht unerwähnt lassen: Wir hatten fantastischen Sex! Das macht ihm keiner so schnell nach.

H. Auf Schminke komplett verzichten, denn nicht das Äußere zählt, sondern der Charakter

I. Möglichst schnell auf die gemeinsame zukünftige Rente ansprechen, denn in unserem Alter ist das wichtig
J. Geilen Sex mit ihm haben

Auflösung auf der nächsten Seite

Auflösung Bindungstest für Single-Frauen ab vierzig

A. Hier sind keine Punkte zu erreichen.
B. Hier sind keine Punkte zu erreichen.
C. Hier sind keine Punkte zu erreichen.
D. Hier sind keine Punkte zu erreichen.
E. Hier sind keine Punkte zu erreichen.
F. Hier sind keine Punkte zu erreichen.
G. Hier sind keine Punkte zu erreichen.
H. Hier sind keine Punkte zu erreichen.
I. Hier sind keine Punkte zu erreichen.
J. Bingo! Hier und nur hier ist die volle Punktzahl 100 zu erreichen. Als Frau über vierzig wissen Sie das im Gegensatz zum jungen Gemüse.

Bindungstest für Männer
ab vierzig

Vergeben Sie bei jeder Aussage 0 bis 100 Punkte. Insgesamt dürfen es nicht mehr als 100 Punkte sein.

Wie binden Sie eine etwa gleichaltrige Frau an sich?

A. Ihre Karriere gebührend bewundern und dass sie bei »diesem Aussehen« eine enorme Leistung sei

B. Ihren Kleidungsstil als »interessant«, aber doch »etwas altmodisch« bezeichnen

C. Einleitung zum Vorspiel: »Wir müssen schnell machen, denn die biologische Uhr läuft ab. Nicht bei mir, aber bei dir!«

D. Über die Ex als »langweilige Tante« sprechen, die nicht mehr mit auf den Mount Everest wollte, stattdessen abends tatenlos auf der Couch lag

E. Zu einem Furz im Vier-Sterne-Lokal scherzend bemerken: »Das ist die Natur.«

F. Zutiefst bedauern, dass das Theater und Kinofilme heute nicht mehr zum Aushalten wären, weil nur noch Emanzen das Sagen hätten

G. Mit Blick auf die Uhr ein romantisches Abendessen in einem Lokal sofort nach der Nachspeise verlassen (»Ich muss zu meinen Kumpels zum Dart-Turnier!«)

H. Von der Mama erzählen, der keine Frau jemals das Wasser reichen könne

I. Scherzend hinzufügen, dass der Mama zwar keine Frau das Wasser reichen könne, aber er schon glücklich darüber wäre, wenn seine zukünftige Frau ihm wenigstens regelmäßig das Bier bringen könne, wenn er abends auf dem Sofa liegt

J. Geilen Sex mit ihr haben

Auflösung auf der nächsten Seite

Auflösung Bindungstest
für Männer ab vierzig

Sie können gar nicht punkten und niemals eine Frau ab vierzig Jahren an sich binden, wenn Sie noch so doof sind und an Tests dieser Art glauben. Eine Frau ab vierzig ist zu klug und zu vielfältig, um auf solche Einfaltspinsel wie Sie hereinzufallen.

Fix und vierzig

Meine uralte (nein!) …

Noch mal von vorne: Meine blutjunge (nein!) …

Also noch mal von vorne: Meine Best Ager (niemals!) …

Also noch mal von vorne: Meine Freundin Bea, die ich seit der Jugendzeit kenne (nein, wie klingt das denn? Jugendzeit? Bin ich jetzt in der Rentnerzeit?) …

Also noch mal von vorne: Mein uralte Freundin Bea, die ich aus meinem alten Dorf kenne (nein, da ist schon wieder das »alt« und auch noch ein »Dorf«. In Dörfern leben doch nur alte Leute) …

Also noch einmal: Bea wird bald vierzig und hat mir geschrieben, dass sie seither eine Zahl regelrecht hasst: die »Vier vor der Null«. Sie sei ja nicht abergläubisch, aber die Vier sei für sie die neue Dreizehn. Voller Angst sehe sie im Supermarkt auf jedes Preisschild. Kostet etwas 4,99 € – dann nimmt sie es nicht, sondern guckt, ob das Ganze auch in einer größeren oder kleineren Packung erhältlich ist. Falls das nicht der Fall sei, greife sie beispielsweise lieber zu einem teuren Olivenöl für 7,99 €. Am schlimmsten seien aber die versteckten Vierer, also beispielweise bei einem Frischkäse das »1,49 €«. Da sei die Vier nämlich viel schwerer zu entdecken. Selbstverständlich nimmt Bea auch keinen Bus mehr der Linie 134 oder gar die U4. Und am Vierten jeden Monats geht sie ganz konsequent nicht mehr aus dem Haus. Sie kann mich leider nun auch nicht mehr besuchen, denn unsere Hausnummer ist auch noch eine glatte »40«.

»Mit vierzig bist du weg vom Fenster«, sagte Bea mir wortwörtlich am Telefon. Denn jede Frau stirbt zweimal: einmal als Frau und einmal als Mensch. Das Todesdatum als Mensch stand zwar für Bea noch nicht fest, wohl aber das Sterbedatum als Frau – der vierzigste Geburtstag.

Beruhigende Worte wie »Es gibt auch ein Leben nach der Vier vor der Null« halfen nichts. Beas Körper steuerte unverdrossen und Beas Kopf höchst verdrossen auf den nahenden Geburtstag zu. Sie plante die Feier mit ausgesuchten Gästen, und je näher der Termin rückte, desto öfter schlugen Mails bei mir ein nach dem Motto: »Das will ich erst gar nicht erleben!« »Das werde ich nicht überleben!« »Das kann ich gar nicht überleben!«

Irgendwann platzte mir der Kragen.

»Bea, jetzt reiß dich mal zusammen!«, sagte ich ihr am Telefon. »Schau mich an, ich hab den vierzigsten Geburtstag auch überlebt!«

»Eben!«, antwortete Bea spontan.

Was meinte sie mit »eben«? Ah, verstanden, sie meinte, sie möchte gar nicht so wie ich mit über vierzig aussehen. Sie sah mich als hässliche Alte!

Empört legte ich auf.

Tagelang hörte ich nichts mehr von Bea, bis eine Nachricht auf WhatsApp kam. Mit keiner Zeile ging sie auf meinen abrupten Kommunikationsabbruch am Telefon ein. Sie schrieb nur schlicht: »Noch vier Tage bis zu diesem Datum. Es ist aus.«

Was macht frau in so einem Fall? Den Psychiater in der Nähe der uralten (nein!) Freundin googeln? Mitfühlend noch einmal auf ihre Befindlichkeiten eingehen? Oder in einer Art Schocktherapie schreiben: »Ja, alles ist aus! Plane doch schon mal deine Beerdigung und such dir einen schönen Sarg und einen schönen Grabstein aus!« Na ja … das machte ich dann doch lieber nicht. Am Ende beförderte ich damit nur noch eine Selffulfilling Prophecy!

Ich hatte Mitleid und lenkte milde ein. »Weißt du was, Bea? Ab vierzig gibt es so viele Dinge, die man nicht mehr tun muss. Zum Beispiel Geburtstag feiern. Wenn du schon so Angst vor diesem Datum hast, dann verschlaf den Tag doch einfach oder lass dich in ein künstliches Koma versetzen. Frag mal deinen Arzt!«

Das schrieb ich Bea. Zurück kam eine Sprachnachricht. »Fuck!«, sagte sie, machte eine Pause und ergänzte: »Du hast recht! Was ich alles nicht mehr muss! Genial. Ich muss auch nicht mehr diesen Shit von vierzigstem Geburtstag feiern. Und wenn ich den einfach überspringe, dann werde ich auch nicht älter. Alles klar, meine Liebe! Du hast mich gerettet! Ich mach mich mal vom Acker.«

Gott sei Dank war der Acker nur übertragen gemeint. Bea tauchte ab an diesem Tag – und lebt seither fröhlich weiter. Die Angst vor der Vier hat sich übrigens über Nacht, von einem auf den übernächsten Tag, komplett gelegt!

Sweet little lies

Mit dem Lügen verhält es sich ähnlich wie früher mit vorehelichem Sex – jeder verteufelte ihn, und fast jeder sündigte trotzdem.

Sie glauben, Sie wären brav geblieben? Sie behaupten auch über sich, »eigentlich nie« zu lügen? Das kommt wohl ganz darauf an, wie weit man den Begriff »Lüge« fasst. Ob es sich um eine kleine Lüge, eine Notlüge oder eine schwere Lebenslüge handelt. Aber bevor Sie jetzt ein schlechtes Gewissen kriegen, kann ich Sie beruhigen. Wir sind immer noch »braver« als die Männer. Und zwar deutlich. Die lügen fast doppelt so häufig wie wir. Nach einer Untersuchung des Science Museum in London mit 300 befragten Personen flunkern Männer etwa 1100-mal im Jahr, Frauen rund 700-mal.

Während die Männer in erster Linie lügen, wenn es um den Konsum von Alkohol geht (»Das war nur ein Bier«), ist unsere Palette viel breiter und fantasievoller angelegt.

Auch der Psychologe Robert Feldman unterscheidet zwischen bewussten (also schweren) Lügen und kleinen Schummeleien als »Schmierstoff der Kommunikation«. Sozial geschickte Menschen würden demnach häufiger lügen, weil sie wissen, was die Situation gerade erfordert – beispielsweise, dem anderen nicht ins Gesicht zu sagen, wie schrecklich man die Lesebrille findet. Und dabei – so Feldman – sind wir uns des Lügens noch nicht einmal bewusst. Der Psychologe untersuchte dies bei einem Experiment, in dem er fremde Personen zusammenbrachte, ihr Gespräch filmte und sie danach fragte, ob sie denn bei den Begegnungen gelogen hätten. »Nein!«, antworteten die meisten Menschen voller Überzeugung. Erst als der Psychologe ihnen den Film zeigte und sie auf ihre Lügen hinwies, wurde das den Männern und Frauen klar. Feldman geht deshalb sogar noch einen Schritt weiter und meint, Menschen, die öfter mal schummeln, würden meist als sympathischer empfunden, weil sie sensibler dafür sind, was die Gesprächspartner hören wollen.

Hier nun die Hitliste weiblicher Lügen, zusammengestellt aus verschiedenen Statistiken und einer kleinen Umfrage in meinem Freundinnenkreis. Manche Schummeleien gehören vor allem in die Partnerschaft, andere gelten Bekannten.

- Die Schuhe waren reduziert.
- Mir geht es gut.
- Schön, dich zu sehen.
- Ich bin schon gekommen.
- Ich liebe dich so, wie du bist.
- Ich ruf dich an.
- Deine Mutter ist wirklich total nett.
- Wir müssen uns mal wiedersehen.
- Ich stecke im Stau.
- Ich bin nicht sauer.
- Du bist der Beste (im Bett).
- Ich bin gleich fertig.
- Es kommt doch nicht auf die Größe an.

Na? Fühlen Sie sich ertappt? Dann kann ich Sie mit dem Psychologen Feldman nur beglückwünschen zu Ihrer Sozialkompetenz!

Vermisstenanzeige

Sie, attraktiv, im Leben stehend, 39+ sucht:

Selbstzweifel!

Urplötzlich verschwunden! Biete Finderlohn zu Höchstprei-
sen! Bin für jeden Hinweis dankbar! Melden Sie sich bitte
umgehend, wenn Sie wissen, wie ich mich wieder kleinma-
chen kann! Ob vor dem Partner, dem Chef oder der Nach-
barschaft – ganz egal. Hauptsache, ich finde meine alte,
innere Unsicherheit wieder, denn sonst platze ich noch vor
Energie und Lebensfreude!

Durch dick und dünn

Wie so viele Frauen kämpft meine Freundin Dorothee täglich mit der Personenwaage. Das Ding im Badezimmer ist nämlich ein ganz gemeines Miststück und zeigt einfach immer ganz fiese Werte an. Früher, so Dorothee, sei das Gerät noch human und nicht unerbittlich gewesen, aber mittlerweile sei das ein »Apparatschik« und verbiestert und bitterböse. Während sich früher der Gewichtsanzeiger nach den Weihnachtsfeiertagen schnell wieder beruhigte, weil Dorothee einfach ein wenig fastete, bleibt er heute unerbittlich auch nach zwei Wochen Diät bei seiner verheerenden Meinung über Dorothees Pfunde. »Es ist zum Kotzen!«, gesteht meine Freundin. »Was ich mal drauf hab, krieg ich nicht mehr runter!«

Ich traue mich nicht einzuwenden, dass Dorothee es vielleicht mit begleitendem Sport versuchen sollte, denn ich habe leicht reden. Irgendeine Anomalie in meiner Familie führt bei weiblichen Körpern dazu, dass alle Frauen aus meiner »Sippe« in der Pubertät dick werden, anschließend abnehmen und spätestens ab Mitte dreißig darum kämpfen müssen, nicht weiter abzumagern. Ich habe deshalb eher mit dem so gar nicht typischen Problem aller Frauen jenseits der dreißig zu kämpfen, eher auf mehr als auf weniger Kalorienzufuhr achten zu müssen.

Zwischen dreißig und vierzig Jahren war das ein fast paradiesischer Zustand – ich konnte essen und trinken, was ich wollte, ich blieb schlank und doch »rund« mit einer stets besten Bikini-Figur bei Kleidergröße 36. Traut sich frau ja kaum laut sagen, um keinen Neid zu erzeugen. Aber nun kann ich es offen gestehen, denn mich plagt mittlerweile ein Problem, das weder eine Dorothee noch die meisten anderen Frauen haben – mit jedem Kilo weniger taucht eine gefühlte Riesenfalte mehr in meinem Gesicht auf! Ich brauche keine Waage – am Knitterlook in meinem Gesicht, der auch nach dem Aufstehen und der ersten Stunde darauf nicht verschwindet, erkenne ich sofort, wenn ich wieder vergessen habe, zuckerhaltige Getränke oder Schokolade zu konsumieren. Achte ich hingegen auf eine konsequente Ernährung mit möglichst fetthaltigen Torten, werde ich wenigstens etwas fülliger – und die Furchen im Gesicht glätten sich wie von Zauberhand. Wie gerne nähme ich dafür sogar einen kleinen Bauch, einen dickeren Hintern und breite Oberschenkel in Kauf. Aber ich komme da kaum hin, außer ich diszipliniere mich extrem und konzentriere mich auf »Gewichtszunahme« wie andere Frauen auf eine Diät. Bloß so einfach nebenbei im Alltag läuft das einfach nicht, weil mir Süßes und Fettes im Prinzip nicht schmecken und ich deshalb eine Art Anti-Diät-Plan brauche, an den ich mich eisern halten muss.

Unsere Körper gehen ab vierzig eigenwillige Wege, sie werden so stur wie Dorothees Waage, uneinsichtig, biestig, unverschämt und unbelehrbar! Es ist zum Schreien, zum Weinen, zum Kotzen, zum Verzweifeln, zum »Aus-der-Haut-Fahren«. Und dabei gibt es unzählige Ratgeber und in jeder Frauenzeitschrift Tipps zur richtigen Ernährung. Einer der neuesten Trends lautet übrigens wieder: »Riesenfrühstück!« Das soll sehr gesund sein – als Ü-40-Frau zucke ich da aber zusammen. Denn im Laufe meiner Jahre habe ich gelernt, Moden und die dazugehörigen Untersuchungsergebnisse, Statistiken und Forschungsintention kritisch zu hinterfragen. Wer gibt wann und wozu eine Studie in Auftrag? Und eben eins der berühmtesten Beispiele ist eine Studie, deren Ergebnisse sich bis in unsere heutigen Tage als Mythos hinein gehalten haben und als Trend offenbar wieder Fahrt aufnehmen: »Frühstücke wie ein Kaiser, esse zu Mittag wie ein König und nimm ein Abendbrot wie ein Bettler zu dir.« John Harvey Kellogg, der auch Arzt war und die berühmte amerikanische Firma, die Frühstücksprodukte herstellt, leitete, kam (was für ein Wunder!) nach »Studien« zu diesem Ergebnis. Jahrzehntelang aßen vor allem Frauen nach diesem Motto, bis die südländische Küche Einzug in unsere Haushalte hielt und damit das üppige italienische, spanische und griechische Abendessen. »Komischerweise« ergaben kurz nach diesem Wandel unserer Essgewohnheiten plötzlich Studien, dass gutes Olivenöl der Schlüssel zu einer guten Ernährung sei, ganz egal zu welchem Tageszeitpunkt wir es konsumieren. Butter und sogar Müsli nach dem Aufstehen gerieten damit plötzlich in Verruf, und alle Welt, also zumindest die Welt meiner Umgebung, schwor auf die ungesättigten Fettsäuren, die man am besten zusammen bei einem Abendessen mit Freunden einnehmen sollte. Und nun kommt also wieder das große Frühstück in Mode – versehen mit den gesundheitlichen Begründungen. Denn im Gegensatz zur Kleidermode geht es beim Essen nicht nur um den Geschmack, sondern auch immer gleich um das Große und Ganze der Gesundheit, also ein möglichst langes Leben.

»Das soll unheimlich gesund sein!«, sagen mir Bekannte und Freunde, wenn sie einen neuen Trend für sich erobern – sei es nun die schon länger anhaltende Tendenz zur veganen Ernährung oder die neuesten Strömungen wie Paläo-Diät, Clean Eating – und eben großes Frühstück.

Um das klarzustellen: Natürlich liegt auch mir daran, mich gesund zu ernähren, um älter zu werden. Ich brauche aber keinen vermeintlichen Experten, der mir sagt: Den lieben langen Tag nur Schokolade zu essen führt zu einer einseitigen Ernährung und also zu Mangelerscheinungen. Ich sehe das Pendel mal nach dieser und mal nach jener Seite ausschlagen. Frau denke an die Damen im Barock, deren Leibesfülle bewundernd von Rubens gezeichnet wurde. Oder in jüngerer Vergangenheit: Die Nachkriegsgeneration war hungrig auf Fett, weil sie die Kalorien brauchte, und Rundungen galten als Wohlstandszeichen. Als dann aber zu viele übergewichtig wurden, kamen die Diäten in Mode – ich kann mich noch erinnern, wie die »Brigitte-Diät« im Umkreis meiner Mutter in aller Munde war. Und nun haben wir Hungerhaken als Werbeträger – fast alle Models sind untergewichtig. Dass diese Dürre wiederum auch ungesund ist, juckt aber offenbar niemanden. Als »schön« und damit »gesund« gelten in der Werbung, in den Hochglanzmagazinen und in Filmen Frauen, denen wir im realen Leben sorgenvoll nachgucken und dabei überlegen würden: »Sind die magersüchtig?«

Vor dreißig Jahren noch waren das Haus, das Auto, der Job oder der Familienstand die Statussymbole der Wahl. Nun sind unsere – speziell weiblichen – Körper zum Statussymbol aufgestiegen. Wo unsere Omas noch mitleidig auf die Flüchtlinge aus den ehemaligen Ostgebieten blickten, weil diese es niemals zu einem Häuschen oder einem Mercedes bringen würden, schauen wir mitleidig auf Dickere mit ein paar Pfunden auf dem Leib zu viel herab. Wir verübeln ihnen nicht mehr, keinen Besitz zu haben oder keine Akademikerinnen zu sein – aber uneingestanden fühlen wir uns ihnen gegenüber erhaben, weil sie wohl am Abend ganz offensichtlich nicht mit Freunden ein veganes Bioessen kochen, sondern mutmaßlich mit Chips und Cola auf dem Sofa »Wer wird Millionär?« glotzen. Also, das unterstellen wir ihnen unbewusst und heben uns so von ihnen ab – nur um uns selbst zu erhöhen. Und wenn wir es schon nicht mit Kleidergröße 36 schaffen, dann wenigstens in dem Bewusstsein, an der Gesundheit zu »arbeiten« – mit den zweifelhaften Ernährungstrends.

Im Kleinen prallen diese Kosmen bei Dorothee und mir aufeinander. Meine Freundin schwört auf Bio, berichtet stets euphorisch von neuen Erkenntnissen zu fleischloser oder kohlehydratarmer Kost und kann den Vitamingehalt von einzelnen Lebensmitteln auf die Stelle hinter dem Komma genau beziffern. Ganz zu schweigen davon, dass sie natürlich an vorderster Front bei Paläo, Clean Eating oder eben dem »großen Frühstück« mit dabei ist. Dabei ist Dorothee in anderen Bereichen völlig immun gegen den modischen Mainstream. Sie würde nie Designerklamotten kaufen, sondern deckt sich mit Outfits aus dem Sonderangebot bei H&M ein. Dorothee findet mein Faible für Apple bescheuert (»Merkst du nicht, wie du auf das Image eines Konzerns hereinfällst?«) und kriegt die Krise, wenn ich ihr von der neusten Farbpalette von *Schöner Wohnen* erzähle.

So verabreden wir uns momentan nicht mehr abends beim Lieblingsitaliener, sondern gehen sonntagsvormittags zum »großen Frühstück«. Mir ist das egal, denn ich muss ja eigentlich nur darauf achten, möglichst zu Butter oder zu Nutella zu greifen – vorausgesetzt, das gibt es im Lokal, denn in In-Cafés wird dieses Zeug mittlerweile regelrecht auf den Speisekarten diskriminiert.

Und so sitze ich mit Dorothee im Café, das sie ausgesucht hat, weil es eine Extraseite Paläo-Speisen auf der Karte hat. Sie sucht sich ein Essen nach Steinzeit-Manier aus – ich frage nach, ob beim Frühstückskorb auch fettiger Käse dabei ist. Und dann kommen wir ins Ratschen, über unverschämte Waagen und fiese Falten im Spiegel, das Eigenleben »ausgezogener« Kinder, Miseren im Job, das Dasein als nicht mehr ganz so junge Single-Frau und mein Leben mit einem älter werdenden Mann. Spätestens als wir am Nachbartisch eine Gruppe von Männern und Frauen lautstark darüber streiten hören, welche Art von Öl nun gesünder wäre, ob Salz aus der Mühle wirklich so viel besser wäre und ob die südländische Küche nicht auch die zu vielen übergewichtigen Griechen zu verantworten hätte, lächeln wir uns verschwörerisch zu. Unser Gewicht und jegliche Ernährung spielen plötzlich nur noch eine Nebenrolle im viel größeren Stück unseres Lebens – unserer Freundschaft.

Denn wir sind uns sicher: So ein Treffen mit einer Freundin bei einem vertrauensvollen Geplauder ist gesünder als jede Diät oder Anti-Diät. Und ganz jenseits der Gesundheit macht es uns auch noch schöner, weil wir dabei ganz tief entspannen und das Leben einfach genießen. Wir können ständig versuchen, unsere Körper zu optimieren, denn wir sind darauf trainiert, das Beste aus ihnen herauszuholen. Wir wollen dünner oder dicker werden, jünger wirken, möglichst gesund und fit bleiben und überhaupt dem Leben abtrotzen, was es uns in »unserem Alter« noch zu bieten hat. Dem gehen wir bisweilen ganz schön verbissen nach und übersehen dabei, dass es uns doch sehr gut geht, wenn wir uns in alldem selbst austricksen können, indem wir uns und unsere Gewichtsprobleme einfach mal nicht mehr zu ernst nehmen.

Die größte Kunst von Frauen über vierzig ist nicht, mit kleinen Listen bei anderen zum Ziel zu kommen, sondern ganz schön clever mit sich selbst umzugehen, also Probleme zu Problemchen zu machen oder ganz verschwinden zu lassen – und das gelingt bevorzugt mit guten Freundinnen, mit denen wir uns wohl und glücklich fühlen. Denn mit dem großen Aufklärer Voltaire gesagt: »Da es sehr förderlich für die Gesundheit ist, habe ich beschlossen, glücklich zu sein.«

Gefallene Mädchen

Es gibt zwar keine Statistiken darüber, aber gefühlt ist jede zweite meiner Freundinnen ab vierzig schon zu einem »gefallenen Mädchen« geworden. Nein, weder ich noch meine weiblichen Vertrauten haben uns im zwielichtigen Rotlichtmilieu die Nächte um die Ohren gehauen oder uns gar prostituiert – die Wahrheit der gefallenen Mädchen ist viel banaler, profaner und schmerzhafter: Wir sind nachts auf dem Weg vom Bett zur Toilette gestürzt. Dorothee ist auf der Socke eines Lovers ausgerutscht, Kikki hat den Abstand zum Bett falsch eingeschätzt – und ich weiß im Grunde genommen gar nicht, warum es mich schlaftrunken aufs Parkett gelegt hat. Jedenfalls bin ich auf die Seite, auf die Rippen gefallen und habe mir eine Rippenprellung eingehandelt. Den Glücklichen unter den Leserinnen, denen Selbiges noch nicht widerfahren ist, sei gesagt: So eine Rippenprellung ist äußerst schmerzhaft und langwierig.

Warum das Frauen meist erst in unserem Alter passiert – dafür habe ich nach wie vor keine Erklärung, außer dass wir mittlerweile vielleicht zu brav geworden sind und zu wenig abends ausgehen und also mehr Gelegenheit besteht, nachts im eigenen Schlafzimmer auszurutschen. Oder ärgerte sich der liebe Gott über die neueste weibliche Emanzipation, die unsere Generation entscheidend mitgetragen hat? »Hätte ich dem Adam mal lieber keine Rippe genommen und daraus Eva geschaffen!«, mag er sich gesagt haben. »Dann könnten wir Männer uns heute noch am Heimchen am Herd freuen, müssten keine Widersprüche ertragen oder gar dazu verdonnert werden, das Klo zu putzen, weil wir im Stehen danebengepinkelt haben.« Und bei dieser Assoziationskette fiel dem alten Herrn ein, wie er uns die Emanzipation ein klein wenig heimzahlen könnte – nicht mehr ganz so junge Frauen sollten fortan nachts auf dem Weg zur Toilette stürzen und sich die Rippen prellen. Oder war es vielleicht umgekehrt ein Fingerzeig Gottes: »Mach jetzt noch mal ein eigenes Geschäft auf«, wollte mir der Allmächtige damit andeuten. »Du hast doch Fantasie! Mach Geld daraus! Erfinde gepolsterte Nachthemden für Frauen – das wird *der* Renner, und du wirst reich!«

… Na ja, Sie sehen schon, auf was für seltsame Gedanken frau kommen kann, wenn jede kleine Drehbewegung des Oberkörpers schmerzt. Eine Rippenprellung bedeutet in den ersten Tagen bisweilen: die Autotür nicht mehr öffnen und selbst nicht mehr fahren zu können. Sie bedeutet, die Haare nicht mehr waschen zu können und im Hochsommer geschlossene Schuhe anzuziehen, weil man in sie einfach reinrutschen kann, ohne sich bücken zu müssen. Sie heißt: mit möglichst wenigen Bewegungen die ersten Tage und Nächte zu überstehen.

Entsprechend sehe ich aus – mit ungewaschenen Haaren, in Schlabberklamotten (bei einer Jogginghose muss nichts schmerzhaft hochgezogen werden!) und ohne Hautcreme (denn die neue Dose war im untersten Badezimmerfach, zu dem ich mich nicht runterbücken konnte) mache ich mich auf den Weg, um die nötigsten Lebensmittel einzukaufen. Denn ja, ich habe zwar einen Mann und Freunde, die ich um Hilfe bitten kann, und sie würden mir sofort zur Seite stehen, aber es macht mich erstens rasend, wenn ich das Gefühl habe, ich kann das Lebensnotwendige nicht alleine erledigen, und zweitens kann ich die anderen ja nicht aus der Arbeit holen, nur weil ich nachts zu unvorsichtig war und gestürzt bin.

Also mache ich mich auf den Weg, einkaufen. Zwei kleine Läden und ein Supermarkt, um die nächsten zwei Tage wenigstens gut zu kochen, wenn ich sonst schon kaum etwas tun kann.

Wie nett die Leute sind! Beim Gemüsetürken um die Ecke erkläre ich offen, dass ich eine Rippenprellung habe und den Korb nicht hochhieven kann. »Kein Problem!«, ruft er und nimmt nicht nur den Korb, sondern packt mir auch den ganzen Einkauf hinein. Beim Bäcker meint die freundliche Verkäuferin nach meiner offenen Erzählung, dass ihre Schwägerin nicht nur schon einmal eine Rippenprellung nach einem nächtlichen Sturz hatte, sondern sogar einen Wirbelbruch. Wie schrecklich! Und selbstverständlich versteht sie, wie jede Drehbewegung wehtut. Ihre Schwägerin lag zwei Monate im Krankenhaus und konnte keine Kaffeetasse mehr so einfach zur Seite stellen! Gesundheit sei doch das Wichtigste überhaupt. Ich nicke natürlich dazu. Recht hat sie, die freundliche Frau, auch wenn ich diese Aussage ansonsten aus tiefstem Inneren ablehne, weil doch nur alte Leute »Gesundheit als höchstes Gut« schätzen. Und zu denen mag ich mich nun wirklich nicht dazurechnen! »Eigentlich«, so denke ich auf den Weg zur dritten Station, dem Supermarkt, muss man nur offen von sich selbst erzählen, dann sind die meisten Leute hilfsbereiter als vermutet. Und auch kommunikativer.

An der Kasse des Supermarktes wird alles noch getoppt, denn als ich die Waren auf das Band lege, durchfährt mich ein stechender Schmerz, und ich sehe wohl äußerst leidend aus. Der junge Mann an der Kasse sieht mich nur kurz an und fragt freundlich, ob er die Waren gleich in die Tasche packen soll. Wow! Was für ein Service! Von wegen in den USA sei das alles viiiiel besser. Servicewüste Deutschland gilt gar nicht mehr. Die Zeiten haben sich geändert, wenn sogar Edeka-Mitarbeiter so zuvorkommend und höflich wie Juwelierladenbesitzer sind! Und dann immer das Geschimpfe der Älteren über die jüngere Generation – wie unhöflich und schlecht erzogen sie doch sei. Stimmt ja alles gar nicht, das sind alles nur verbiesterte Kulturpessimisten, die den Jüngeren die Jugend nicht gönnen!

Der junge Mann an der Kasse fragt auch noch höflich nach, ob er mir nicht weiterhelfen könne, als ich unter Schmerzen versuche, die in den Tiefen meiner Handtasche verschollene Geldbörse herauszufischen. Ich verneine, weil ich nicht möchte, dass er in eins meiner benutzten Papiertaschentücher greift. Endlich habe ich den Geldbeutel unter Schmerzen herauskramen können, da nimmt ihn mir der junge Mann gleich freundlich ab mit einem: »Ich darf doch?« Und ehe ich mich's versehe, zählt er den von der Kasse angezeigten Betrag heraus und zeigt ihn mir noch einmal in seiner offenen Hand: »Stimmt doch so, oder?« Ich nickte und denke, dass ich dies ja nun trotz Rippenprellung wirklich noch alleine hätte machen können! Ich kann ja noch rechnen, lesen und Bewegungen ohne Armdrehungen ausführen! Aber gut, wenn mir auch das abgenommen wird, ohne dass ich überhaupt meine Verletzung erwähnt habe!

Ich bedanke mich freundlich und gehe infolge der Rippenprellung langsam auf den Ausgang des Supermarktes zu. Etwas lässt mich stutzen – ich drehe mich um, habe wohl die Blicke des Kassiers gespürt. Der junge Mann sieht mich an und ruft in sein Mikrofon: »Zweite Kasse bitte!«

Dann springt er auf und eilt zu mir. »Hier!«, ruft er freundlich. »Moment, ich öffne Ihnen gleich den neuen Seniorenausgang ohne Treppenstufen!«

SENIORENAUSGANG?

Der dreiste Kerl hält mich wegen meiner Rippenprellung und meines ungepflegten Äußeren für eine Alte? Deshalb hat er mir sogar das Geld aus der Börse abgezählt! Hat der sie noch alle?

Am liebsten würde ich die Einkaufstaschen fallen lassen und dem jungen Mann eine scheuern mit der Bemerkung, wie ungezogen die heutige Generation ist! Und wenn er erst einmal in *mein* Alter käme, dann würde er schon verstehen, wie ungeheuerlich er sich verhalten hat!

In meinem Alter weiß ich mich jedoch erstens zu beherrschen, zweitens, dass eine Drehbewegung mit »Scheuern« ziemlich ungünstig bei einer Rippenprellung ist, und drittens, wie ich Jüngere wirklich treffen kann – indem ich sie jünger mache, als sie sind.

»Sehr lieb von dir!«, sage ich zu dem jungen Mann. »Deinen Pickeln nach zu schließen bist du noch nicht einmal achtzehn und schon so wohlerzogen!«

Der junge Mann sieht mich irritiert an und errötet. »Ich bin schon zweiundzwanzig!«, antwortet er leicht ärgerlich. Ich grinse und will schon triumphierend gehen. Doch dann füge ich etwas versöhnlich an: »Und ich bin noch keine Seniorin, ich hab nur eine Rippenprellung.«

»Das hab ich doch gesehen!«, erwidert der Junge. »Hatte meine Mutter vor ein paar Wochen. Sie ist nachts im Schlafzimmer ausgerutscht und so jung wie Sie!«

Jetzt würde ich mir am liebsten trotz Rippenprellung selbst eine scheuern.

Mixed Generation

Früher war das alles ganz einfach: zuerst Tochter, dann Mutter, schließlich Großmutter. Die zeitliche Reihenfolge war relativ vorhersehbar: Bis etwa zwanzig war frau Tochter, irgendwann zwischen zwanzig und dreißig wurde frau Mutter und so etwa ab fünfzig Jahren Großmutter. Klar, es gab immer Ausnahmen – Frauen, die erst mit Mitte 30 heirateten –, aber dann verschob sich einfach der zeitliche Ablauf um ein paar Jährchen nach hinten. So what? Dann wurde man eben erst mit 60 oder 65 Jahren Großmutter. Single-Frauen lasse ich hier mal außer Acht, ich beschreibe nur die Familienwege.

Heute ist das viel weniger vorhersehbar und viel »bunter gemischt«. Die Nachbarin bekam mit 17 Jahren ihr Kind, deren Tochter wiederum wurde auch mit 18 Jahren schwanger, also wurde sie nach Adam Riese mit 36 Jahren Großmutter. Exakt 36 Jahre – in dem Alter wurde ich von meinem ersten Kind entbunden.

Und eine meiner besten Freundinnen bekam mit genau 46 Jahren ihr erstes Kind, nachdem sie als Bankerin Karriere gemacht hatte. Da waren meine Kinder gerade dabei, die Grundschule zu verlassen und meine Karriere am Tiefpunkt.

Die Lebensläufe von Frauen sind infolge der selbstbestimmten Kinderplanung weniger vorgezeichnet. Wir haben endlich nicht nur ein politisches Wahlrecht, sondern auch die Möglichkeiten, unser Leben nach eigenen Wünschen und viel weniger diktiert von gesellschaftlichen Zwängen zu gestalten. Ohne das Thema jetzt politisch oder ethisch zu bewerten: Sogar dem biologischen Alter setzen wir Grenzen, wenn Eizellen eingefroren werden. Von Ausnahmen wie Unfruchtbarkeit abgesehen, kann sich jede Frau heute dafür oder dagegen entscheiden, mit Anfang zwanzig oder erst viel später ein Kind zu bekommen und damit einen Lebenseinschnitt neu zu gestalten. Manche empfehlen: »Krieg die Kinder jung, da hast du noch Kraft!« Andere sagen: »Leb erst mal dein Leben, dann bist du ganz entspannt später mit den Kindern, weil du schon alles erlebt hast, was du erleben wolltest.« Und vor allem kann sich jede Frau auch dafür entscheiden, überhaupt keine Kinder haben zu wollen.

In all dem gibt es keine allgemeingültige Wahrheit, denn jede muss das für sich selbst entscheiden. Das mag vielleicht manchmal mühsam erscheinen, aber wenn ich daran denke, was den Frauen früher für eine Lebensgestaltung diktiert wurde, freue ich mich doch sehr über unsere individuellen Wahlmöglichkeiten.

»Patchworkfamilien« ergeben natürlich auch noch einmal ganz neue Kombis. Frau mit 39 Jahren verliebt sich in einen Partner mit 56 Jahren. Beide haben Kinder, die einen noch klein, die anderen schon fast aus dem Haus. So kriegt eine 17-Jährige plötzlich ein Geschwisterkind von zwei Jahren. Und die verschiedenen Altersstufen unter Geschwistern kommen plötzlich wieder zusammen, wie früher, als die Verhütung noch tabu war und fast wie selbstverständlich Frauen im gebärfähigen Alter gut und gerne mal 13 Kinder zu Welt brachten – mit entsprechenden Altersunterschieden.

Meiner naiven Vorstellung nach blieb aber immer noch die eingangs erwähnte zeitliche Reihenfolge einigermaßen erhalten: zuerst Tochter, dann Mutter, schließlich Großmutter.

Diese Vorstellung brachte nun mein alter Freund Georg, den ich noch aus Schulzeiten kenne, gehörig durcheinander. Im zarten Alter von 21 Jahren heiratete er eine Frau, die schon einen Jungen mit in die Beziehung brachte. Fünf Jahre später bekamen sie einen gemeinsamen Sohn. Wiederum zehn Jahre später schlug Georg bei mir auf und erklärte, die Liebe seines Lebens in Ägypten gefunden zu haben, weshalb er nun die alte Familie verlassen werde. Ich dachte damals ja, der spinnt ein wenig und hat eine vorgezogene Midlife-Crisis. Aber ihm war das verdammt ernst. Und er ging durch Unterhalts- und Scheidungshöllen, um mit seiner Ägypterin noch einmal neu zu starten.

Na gut, dachte ich mir, kann ja immer sein, dass die Liebe spät irgendwo noch hinfällt, wo sie niemand vermutet hatte. Schließlich wurde Georg noch einmal Vater eines Jungen und schickte stolz die Geburtsanzeige. Wir blieben lose miteinander in nettem Kontakt.

Eines Tages schickte Georg ein Ultraschallbild: »Schau mal, es wird ein Junge!« Ich war etwas verwirrt. Wie, wer wird von wem ein Junge?

Georg erklärte es schnell: »Ich werde Großvater!«

Ich rechnete nach. Ui, der Junge, den Georgs erste Frau mit in die Beziehung gebracht hatte, wird offenbar Vater! Und Georg damit Großvater. Ich freute mich mit ihm und gratulierte entsprechend.

Kaum eine Woche später schickt mir Georg ein neues Ultraschallbild: »Es wird ein Mädchen! Ich bin so glücklich!«

Ähm, also wie jetzt? Kann ein Arzt sich so täuschen? Und warum ist Georg deshalb so glücklich? Was spielt denn letztlich das Geschlecht für eine Rolle? Also bei mir jedenfalls nicht.

Ich hake nach und erfahre eine weitere Mail später: Nein, ich hätte gar nichts falsch verstanden. Er werde zwar Großvater eines Jungen, aber auch zugleich Vater eines Mädchens. Er habe seine große Liebe in London gefunden und starte gerade noch einmal neu durch. Er werde Großvater und Vater zugleich – der errechnete Geburtstermin stimme übrigens kurioserweise auf den Tag genau überein.

Ich schwanke zwischen Schnappatmung (es darf nicht wahr sein, was Männer so treiben, er hat sich also schon wieder eine Jüngere gesucht!) und einer Mit-Freude über die kuriose Gleichzeitigkeit des Freundes, Vater und Großvater zugleich zu werden.

»Anything goes«, meinte der Philosoph Paul Feyerabend. Er bezieht das zwar eigentlich auf die Methoden der Wissenschaft, aber er beschreibt damit auch die vielen Wahlmöglichkeiten, die wir nun haben.

Wir können mit 19 Jahren Kinder kriegen oder auch erst mit über viezig. Wir können heiraten, Familien gründen oder auch überzeugte Singles bleiben. Wir können wegen eines Jobs nach Paris umziehen oder uns in Indien ansiedeln oder auch verwurzelt in einem bayerischen Hinterdupfing bleiben.

Klingt eigentlich alles toll – wäre da nicht die Schattenseite dieser Freiheit, die Psychologen heute als »Tyrannei der Wahl« beschreiben. Manchmal packen wir einfach nicht mehr die Vielfalt, die uns möglich ist. Unser Hirn ist sozusagen in den jahrhundertelangen gesellschaftlichen

Zwängen der Anpassung stecken geblieben und konnte sich teilweise noch nicht weiterentwickeln.

So gesehen trifft das auch auf meinen alten Freund Georg zu. Ein paar Tage nach den Mails mit den Ultraschallbildern kam wieder ein Schreiben: »Weißt du, ich hab mich nie im Leben wirklich entscheiden können. Deshalb wollte ich alles haben, auch eine Frau nach der nächsten. Nun aber muss ich mich gar nicht mehr entscheiden – meine jetzige und meine Ex haben sich zusammengeschlossen. Und keine will mehr etwas mit mir zu tun haben – denn beide finden es unmöglich, dass ich gleichzeitig Papa und Opa werde.«

Berufsjugendliche

Wer steht schon gerne in einer Warteschlange? Wer ist schon so geduldig, völlig gelassen die Zeit abzuwarten, bis frau an der Reihe ist? Und dabei wissen die Jüngeren gar nicht, was ihnen alles bei einer ganz einfachen Alltagserledigung erspart bleibt – ich als Frau 40+ kann mich noch gut daran erinnern, wie früher jeder Preis der Waren per Hand in die Supermarktkasse eingegeben wurde. Als der Barcode noch nicht erfunden war, ging ich am liebsten zum Aldi, weil die Kassiererinnen dort blind auf dem Zahlblock tippen konnten und dies die Wartezeit um gefühlte Lichtjahre verkürzte. Und heute hat sogar das Kreisverwaltungsreferat in München, also eine Behörde, kapiert, dass nichts Bürger so sehr nerven kann wie das stundenlange Warten in deren Räumen, nachdem man eine Nummer gezogen hat. Man stelle sich vor: 2019 hat das Amt entdeckt, dass es das Internet gibt und man sich nun auch online einen Termin geben lassen kann! Wow!

Da sage doch noch mal eine oder einer, der technische Fortschritt sei nicht genial für die Menschheit. Gut, vielleicht ist ein Flug zum Mars doch nicht mehr so ein Publikumsmagnet wie die Mondlandung anno dazumal, als mein Vater die ganze Nacht vor der Glotze verbrachte und sich den kompletten nächsten Tag über dieses Ereignis begeisterte. Wir denken heute ja an die ganzen Folgen für das Klima bei solchen Aktionen und schwärmen nicht mehr unbeschwert für die Vorteile und Zukunftsperspektiven, die uns so was bringt.

Beim Barcode wüsste ich jedoch nicht, was gegen diese Neuerfindung spricht – und noch weniger bei einer Verkürzung der Wartezeit beim Kreisverwaltungsamt. Klar gibt es Einwände wie Datenschutz und Überwachungsmissbrauchsmöglichkeiten (kaum schreibe ich über ein Amt, entspringen meinem Hirn auch schon beamtendeutsche Wortungetüme wie »Überwachungsmissbrauchsmöglichkeiten«). Aber da bin ich dann eher auf der pragmatischen und weniger politischen Seite. Wenn ich nicht mehr zwei Stunden und 43 Minuten beim KVR oder 18 Minuten an der Edeka-Kasse warten muss, interessiert mich Politik ganz ehrlich gesagt nicht mehr so wirklich. Weshalb ich auch schon seit einiger Zeit beharrlich mit meiner EC-Karte bezahle – etwas, dem ich mich früher strikt verweigert habe, damit ja keiner meine Zahlungen und Daten und Zeiten überwachen und womöglich alles nachvollziehen kann, also wann und warum ich wo war.

Mein Mann und Dorothee werfen mir deshalb Inkonsequenz und unpolitisches Phlegma vor. Sollen sie doch! Beziehungsweise – unter uns –, ich erwähne das einfach nicht mehr bei meinem Mann und Dorothee. Sollen die doch »konsequent« sein, wenn sie wollen. *Ich* stehe heute dazu, dass mir meine private Lebenszeit einfach wichtiger ist als ein politischer Kampf.

Und dazu kommt ja noch, dass ich mir gar nicht so sicher bin, was da wirklich so gefährlich ist oder ob sich der Einsatz von drei Stunden Wartezeit beim Kreisverwaltungsreferat wirklich für ein hehres Ziel lohnt.

Bin ich jedoch als Elternteil unterwegs, unterschlage ich meine Inkonsequenz komplett. Im »Erziehungsauftrag« am Start, fühle ich mich bemüßigt, meine Kinder Lukas und Eva zu warnen: »Habt ihr denn gar keine Angst, dass eure Daten missbraucht werden können?« Das ist quasi eine andere Spielart des bekannten Mutter-Phänomens, tagsüber den Kindern Süßigkeiten zu verbieten und nachts heimlich den Schokoladenvorrat zu plündern. Die erwachsenen Kids schauen mich dann manchmal völlig entgeistert an und erwidern: »Aber ich gehe doch nicht extra in eine Bankfiliale, wenn ich eine Überweisung machen will. Bloß weil du es nicht schaffst, die Sparkassen-App auf dein Handy runterzuladen.« Punktsieg, nein: K.-o.-Sieg für Lukas und Eva.

Und so stehe ich mal wieder an einer Supermarktkasse mit nur einer Person vor mir an, freue mich über die neue Geschwindigkeit beim Abkassieren und krame schon meine EC-Karte heraus.

Bloß eins ist wirklich schade: Früher habe ich mir beim Anstehen an Kassen einen Spaß daraus gemacht, das Alter der Männer und Frauen vor mir zu schätzen. Der Kerl mit den langen Haaren muss ein Alt-68er sein, so, wie der angezogen ist. Die Tante vor mir ohne Hintern muss die sechzig überschritten haben, vor allem auch, weil sie eine Levis 501 trägt, ein Label, das jeder junge Mensch wie der Teufel das Weihwasser meidet. Und den größten Spaß hat mir gemacht, »Berufsjugendliche« einzuschätzen. Das sind all die Männer und Frauen, die nicht verstanden haben, was die Engländer mit »act your age« meinen. Also: Verhalte dich altersgemäß. Dass alles andere peinlich ist, haben die Engländer, dezent, wie sie sind, im Nebensatz ausgespart. In meiner Übersetzung heißt »act your age« in erster Linie: Kleide dich altersgemäß! Oldies, die das nicht beherzigen, gehen im Sommer bauchfrei mit Bauch oder zwängen sich in Jeans, die nur Frauen unter 25 Jahren mit den natürlichen Straffungen gut stehen.

Früher hieß das: »Die macht auf Berufsjugendliche.«

Tja, früher, da hatte man noch die passenden Begriffe. Heute ist das anders. Früher war einfach alles besser! Früher war alles besser? Hilfe! Was denke ich da plötzlich? Bin ich alt geworden? Nein! Doch! Wir bilden auch heute noch neue Sätze und Wörter. Die »Berufsjugendlichen« von heute behaupten über sich: »Ich bin in einem Alter, aus dem ich längst raus sein müsste.«

Der neue Tisch

Was Lügen und Schummeln bedeutet, lernen wir von klein auf. Jeder und jede zieht die Grenzen woanders, ab vierzig meist in Richtung »ein bisschen schummeln oder lügen spart Nerven und schont den anderen«.

Manche von uns quälen sich dabei auch mit der Frage, wie moralisch integer sie eigentlich sind.

Meine Freundin Dorothee konnte beispielsweise mehrere Nächte nicht mehr schlafen, weil sie einen kleinen Schnupfen zu einer schlimmen Erkältung erklärt und zwei Tage im Job blaugemacht hatte. Susanne hingegen hat noch nicht mal den Anflug eines schlechten Gewissens, obwohl sie ihrem Mann ihre ständigen Affären verheimlicht (»Wieso, er hat doch auch was davon, so bin ich viel ausgeglichener!«).

Oft stellen wir uns solche Fragen aber gar nicht mehr, da wir in unserem Alter meist einen für uns passenden Umgang mit dieser moralischen Frage gefunden haben. Schummeln und Lügen ist das eine – ein ganz anderes Kaliber ist hingegen, andere zu manipulieren. Und das, so gestehe ich offen, hab ich erst jenseits der vierzig begriffen. Ich komme aus einer Familie, in der zwar auch getrickst wird, aber nicht auf der unfairen Ebene der Manipulation. Denn dabei versucht das Gegenüber nicht argumentativ zu überzeugen, sondern will mit verschiedensten Druckmitteln seine Ziele rücksichtslos durchsetzen.

In Ihrem Bekanntenkreis findet sich bestimmt jemand, dem Sie mittlerweile lieber aus dem Weg gehen, weil es beispielsweise keinen Spaß macht, zusammen mit ihm zu wandern. Er oder sie will alle Ziele, alle Pausen und den genauen Weg bestimmen – und Sie machen mit, weil Sie das Gefühl haben, sich gegen diese Person und seine Vorgaben nicht wehren zu können. Beziehungsweise haben Sie das bis vor Kurzem mitgemacht – dann haben Sie sich das nicht mehr angetan und meiden seither diese Person.

Bekannten kann man aus dem Weg gehen und Freundschaften sogar aufkündigen. Etwas anderes ist es hingegen, wenn der Partner oder der Chef Sie manipuliert. Auch mehrere meiner Freundinnen brauchten ewig, um dieses Verhalten zu verstehen, »obwohl der Typ doch sonst so nett sein kann«. »Ich kam nicht gegen ihn an« oder »Ich Idiot bin ihm auch noch nachgelaufen« oder »Der hat mich fertiggemacht«, sagen Frauen, die sonst mit beiden Beinen im Leben stehen und so selbstbewusst sind zu behaupten: »Ich brauch keinen Mittelfinger, ich mach das mit den Augen!«

Mich hat interessiert, wie diese Druckmittel eigentlich genau aussehen, wenn man ihnen so schwer entkommen kann. Mit Ansätzen der Website »Rhetorik« von Marcus Knill habe ich die wichtigsten Methoden mit Beispielen zusammengefasst.

Nehmen wir ein einfaches Beispiel: Sie möchten gerne einen neuen Tisch, wahlweise daheim oder im Büro. Ihr Partner oder Ihr Chef sind aber dagegen.

Bevorzugte Methoden bei der Manipulation des anderen sind:

Keine Antwort geben

»Schatz, schau mal, hier im Katalog! Ist der nicht wunderbar, dieser Tisch? Den hätte ich gerne als neuen Esstisch!«

Er blickt sie zweideutig an und geht einfach aus dem Raum.

Ein Gespräch abbrechen oder abwürgen

»Chef, sehen Sie mal, hier ist ein Angebot mit supergünstigen, schönen Bürotischen. Das würde den ganzen Laden hier aufpeppen und wirkt sich auch positiv auf die Kunden aus.«

»Haben Sie schon die Akte Meier erledigt?«

Sie schüttelt den Kopf.

»Dann machen Sie mal.«

Und damit geht der Chef aus dem Raum.

Dem anderen ein schlechtes Gewissen machen

»Schatz, schau mal, hier im Katalog! Ist der nicht wunderbar, dieser Tisch? Den hätte ich gerne als neuen Esstisch!«

»Mit deinen Ausgaben ruinierst du unsere ganze Haushaltskasse. Denk doch mal an die Kinder, die könnten das Geld wirklich gut gebrauchen.«

Drohungen

»Schatz, wie findest du diesen neuen Tisch? Sollten wir uns den nicht kaufen?«

»Bei dir kann nichts so bleiben, wie es ist. Das wird noch Konsequenzen haben. Für unsere Beziehung. Für unser Leben.«

Absichtlich missverstehen
»Chef, hier sind neue Tische im Angebot. Sie sprachen doch davon, nicht nur den Empfang aufzupeppen!«
»Fordern Sie etwa eine Gehaltserhöhung?«

Persönlicher Angriff statt Sachebene
»Schatz, wie wäre es mit einem neuen Esstisch? Dem hier zum Beispiel.«
»Du hast doch einen Kaufwahn, die Luxusdame aus gehobenem Hause. Du hast nie sparen gelernt!«

Zeitdruck erzeugen
»Chef, sollen wir die neuen Tische aus dem Angebot nicht kaufen?«
»Haben Sie schon alles ausgemessen? Warum haben Sie noch nicht bestellt?«
»Na, ich muss doch erst Rücksprache mit Ihnen halten!«
»Wenn Sie nicht handeln können … jetzt ist es zu spät!«

Erklärungen verweigern
»Schatz, schau mal, hier im Katalog! Ist der nicht wunderbar, dieser Tisch? Den hätte ich gerne als neuen Esstisch!«
»Kommt gar nicht infrage!«
»Und warum nicht?«
»Das solltest du jetzt aber wirklich selber wissen!«

Fragen nicht beantworten, sondern eigene Sichtweise wiederholen
»Chef, sollen wir die neuen Tische aus dem Angebot nicht kaufen?«
»Die Schreibtische sind noch gut genug!«
»Aber bei fast allen rollen die Schubläden nicht mehr.«

»Die Tische sind noch gut genug!«

»Auf Kunden würde eine frische Einrichtung auch einen besseren Eindruck machen.«

»Die Schreibtische sind noch gut genug!«

Falsche Entweder-oder-Alternativen aufstellen
»Schatz, schau mal, hier im Katalog! Ist der nicht wunderbar, dieser Tisch? Den hätte ich gerne als neuen Esstisch!«

»Dann müssen wir den Urlaub diesen Sommer knicken. Beides geht nicht. Entweder oder.«

Sich auf Wissenschaft oder Experten berufen, die die eigene Meinung angeblich stützen
»Chef, sollen wir die neuen Tische aus dem Angebot nicht kaufen?«

»Experten haben festgestellt, dass sich Mitarbeiter viel wohler fühlen, wenn die Büroumgebung nicht stark verändert wird. In ihrem gewohnten Umfeld fühlen sich die Menschen geborgener und arbeiten effizienter.«

Anderen den gesunden Menschenverstand im Vorfeld schon absprechen
»Schatz, schau mal, hier im Katalog! Ist der nicht wunderbar, dieser Tisch? Den hätte ich gerne als neuen Esstisch!«

»Das ist ja lächerlich! Das sieht ja jedes Kind, dass der nicht zu unserer Einrichtung passt. Manchmal frag ich mich, ob du noch ganz normal im Kopf bist.«

Das Ehrenwort dafür geben, das die eigene Meinung ihre Richtigkeit hat
»Chef, hier sind neue Tische im Angebot. Sie sprachen doch davon, nicht nur den Empfang aufzupeppen!«

»Das würde hier alles zu sehr verändern. Ich schwöre Ihnen, ich weiß, wovon ich spreche, da habe ich Erfahrung, das kostet nur und bringt uns gar nichts.«

Angriffe auf den persönlichen Hintergrund der Person
»Schatz, schau mal, hier im Katalog! Ist der nicht wunderbar, dieser Tisch? Den hätte ich gerne als neuen Esstisch!«
»Du bist wie deine Mutter. Die kann auch nie entspannen und alles mal so sein lassen, wie es ist.«

Eine angebliche Befangenheit in der Sache konstruieren
»Chef, hier sind neue Tische im Angebot. Sie sprachen doch davon, nicht nur den Empfang aufzupeppen!«
»Was für eine Provision hat Ihnen der Verkäufer versprochen?«

Falls Sie also noch jemals ein schlechtes Gewissen wegen kleiner Schummeleien haben, vergegenwärtigen Sie sich die weitaus heftigeren Methoden, mit denen manipulative Charaktere »arbeiten«, ohne dass deren »Tricks« Lügen genannt würden.

Da bewegt sich doch noch was

Eine meiner besten Freundinnen, deren Namen ich hier aus gutem Grund nicht nennen kann und ihr deshalb einfach mal das Pseudonym Alice verpasse, erzählte immer wieder mal bei unseren Mädelsabenden, dass zwischen ihr und ihrem Mann »tote Hose« sei. Die beiden würden sich zwar gut verstehen und sich auch weiter lieben, aber im Bett laufe einfach nichts mehr. Alice erwähnte dies auch kurz vor ihrem vierzigsten Geburtstag – und so kam Kikki auf eine Idee, die sie uns allen sofort verkündete, nachdem Alice schon gegangen war: »He, wir legen zusammen und kaufen Alice einen erstklassigen Vibrator!« Kichern in der Runde wie bei Teenies. »Also, ich trau mich nicht in so einen Laden wie Beate Uhse rein«, meinte Jana. »Über das Internet kann ich den auch nicht bestellen, mein Sohn hat alle Zugangsdaten und loggt sich bisweilen ein«, erklärte Elke. »Sagt mal, auf welchem Planeten lebt ihr eigentlich?«, fuhr Michaela dazwischen. »Die Dinger gibt es mittlerweile in jedem Drogeriemarkt zu kaufen! Habt ihr die noch nie gesehen?«

Nein, hatten weder Jana noch Elke noch ich. Ich war beruhigt, denn auch meiner Wahrnehmung war dieses Gerät in ganz normalen Läden bisher komplett entgangen. Frage mich mal eine zu Putzmitteln – ich kann euch genau referieren, wie ein dm, Rossmann oder Müller dazu sortiert ist! Ich kann auch detailliert darüber Auskunft geben, dass bei Rossmann die Kaffeefiltertüten beispielsweise nicht beim Kaffee stehen, sondern zu den Papierwaren neben Staubsaugerbeuteln sortiert sind. Das ist doch absurd! … Ähm, aber noch absurder finde ich eigentlich, dass ich weiß, wo bei Rossmann die Filterkaffeetüten stehen, und in meinem ganzen Leben vorher noch nicht wahrgenommen habe, dass Rossmann Vibratoren verkauft. Wo sind die eigentlich einsortiert? Bei den Kondomen, im Technikregal bei den Elektrogeräten oder beim Massagezubehör? Und warum komme ich überhaupt auf die Idee, mich so etwas zu fragen? Bin ich jetzt endgültig alt, wenn ich bezüglich eines Supermarktsortiments so eine selektive Wahrnehmung habe, dass ich alles, was mit Sex zu tun hat, nicht mehr bemerke?

Wie auch immer: Alle Mädels legten zusammen, und Alice bekam von uns zum vierzigsten Geburtstag einen Vibrator der Extraklasse geschenkt, den Kikki völlig souverän bei Beate Uhse erstanden hatte. Das Ding wäre »Bombe«, weil man daran Noppen oder anderes anbringen, die Geschwindigkeit individuell regeln könne und sich die Oberfläche »lebensecht« anfühlen würde.

Bei der Party zu Alice vierzigstem Geburtstag übergaben wir ihr das Geschenk klammheimlich ohne Beisein ihres Mannes, ihrer Kinder und anderer Gäste im Schlafzimmer. Alle kreischten hinter der verschlossenen Tür wie kleine Mädels: »Probier ihn doch gleich aus!« War natürlich nicht ernst gemeint, wir hatten alle schon mindestens ein Glas Sekt intus. Aber so ein Geschenk reizt natürlich auch zu Provokationen, vor allem in der Mädelsgruppe. Bei so was wird eine Frau 40+ dann plötzlich doch wieder zu einem Mädchen, das gestern erst in der *Bravo* Doktor Sommer gelesen und erfahren hat, dass es so etwas wie »Selbstbefriedigung« überhaupt gibt. Und wenn ich ganz ehrlich bin: Ich genieße solche Momente des Kindisch-Werdens, des Nicht-erwachsen-Seins, in denen man so tut, als ob hinter dem eigenen Leben nicht ein ganz anderer Erfahrungsschatz steht. Diese Momente machen mich jung, leicht, unbeschwert – und seien sie noch so albern und infantil.

Alice freute sich riesig über das Geschenk, kicherte unaufhörlich und versprach, von den ersten Erfahrungen damit sofort zu berichten. Wir gingen wieder zurück zur Party, aus dem Schlafzimmer heraus, und bewahrten unser Geheimnis für uns.

»Ist ja lieb gemeint gewesen, aber das Ding funktioniert leider nicht! Da bewegt sich nichts, aber auch gar nichts!«, schreibt Alice ein paar Tage später in unsere gemeinsame WhatsApp-Gruppe.

Nach einigem Hin und Her einigen wir uns darauf, dass die Rückgabe des Geräts sicherlich möglich sein müsse, wenn die Käuferin keine Scheu habe, bei Beate Uhse auf den Putz zu hauen und das defekte Teil zu reklamieren. Unsere Dealerin Kikki hat selbstverständlich keine Scheu und meldet sich bald nach ihrem Umtausch in der WhatsApp-Gruppe zu Wort: »Haben Gerät zurückgenommen, bringe dir bald ein neues, Alice.«

»Das neue Gerät funktioniert leider auch nicht«, berichtet Alice ein paar Tage später. »Es bewegt sich nichts!«

»Darf doch nicht wahr sein!«, schimpft Elke schriftlich.

»Vielleicht liegt es an dir?«, wirft Jana ein. »Vielleicht machst du einen Bedienungsfehler?«

Eine ganze Litanei von Selbsterfahrungsberichten wird daraufhin in den Gruppenraum geworfen: Wie Bea mal den Staubsauger ruinierte, nur weil sie über Jahre vergessen hatte, den Beutel je zu wechseln. Dorothee weiß davon zu erzählen, dass ihr zweites, mittlerweile erwachsenes Kind sein Leben einem geplatzten Kondom von Rossmann zu verdanken hat, und Kikki berichtet von einem sündhaft teuren Ventilator, der nach dem Kauf einfach auch nicht funktionierte, man ihr aber unterdessen einreden wollte, es läge an ihrem technischen Unverstand. Erst nach massiven Drohungen, unter anderem mit einem Anwalt, nahm der Hersteller das Gerät zurück, und plötzlich funktionierte das neue sofort und gut.

Jede von uns gibt ihren mehr oder wenig konstruktiven Senf dazu ab, und gemeinsam überlegen wir weiter in unserer Mädelsgruppe.

Alice meldet sich schon gar nicht mehr. Gut, sie hat immer viel im Job zu tun, denke ich mir noch, vielleicht wächst ihr gerade alles über den Kopf?

Dann aber kommt eine Nachricht von ihr: »Alles gelöst, also alles mit dem Vibrator. Das Ding bewegt sich doch. Ich hatte nur alte Batterien eingelegt, die mein Mann zu den neuen sortiert hatte. Grr! Benutzt hab ich das Gerät noch nicht – denn es hat sich ein neues Problem ergeben.«

Elke fragt mit einem Fragezeichen nach.

Jana meint: »Ist es groß?«

Die Psychologin Kikki bietet an: »Wende dich bei größeren Problemen vertrauensvoll an mich.«

Wieder einen Tag später kommt eine neue Nachricht von Alice: »Größeres Problem auch gelöst. Und zwar very tricky!«

Da muss ich jetzt sofort nachfragen: »Und wie bitte?«

Alice berichtet: Sie hätte nicht aufgeben wollen und eben eines Tages mit dem Gerät am Küchentisch gesessen, um verschiedene Batterien durchzutesten, weil sie plötzlich auf die Idee gekommen war, dass die eingesetzten zu alt waren. Dabei habe sie komplett vergessen, mit was für einem Gerät sie da eigentlich herumhantierte, und ihrem zufällig vorbeikommenden Mann zugejubelt: »Endlich geht es jetzt!« Erst in dem Moment sei ihrem Mann und ihr klar geworden, um was für ein »Ding« es sich eigentlich handelte. Schamrot sei sie angelaufen, und ihr Mann habe auch noch gefragt, ob es nicht etwas »dreist« sei, was sie da vor seinen Augen mache. Ein besseres Wort würde ihm gerade nicht einfallen.

Mit fragenden, verwundeten Rehaugen hätte ihr Mann sie dabei angesehen. Früher, so Alice, hätte es ihr deshalb den Boden unter den Füßen weggezogen. Wie könne sie ihren Mann nur so grauenhaft verletzen mit der vermeintlich offensichtlichen Demonstration: »Deinen Schwanz brauche ich nicht.« Sie liebe ihn doch, und der mangelnde Sex sei ihr so was von egal. Es sei doch nur unser Geburtstagsspaß gewesen – und sie offenbar nicht mehr ganz bei Sinnen, den Spaß in die ganz reale Küchentisch-Wirklichkeit zu tragen.

Aber dann, so Alice, sei ihr ein Dreh eingefallen, der sowohl der Wahrheit entspräche wie auch eine unblamable Erklärung lieferte. Sie sagte einfach: »Schatz, ich hab mir das Ding besorgt, damit bei uns mal wieder mehr Bewegung in die Sache kommt. Und jetzt stelle ich mich dabei zu blöd an, um dich damit zu überraschen.«

Der Gatte strahlte sie daraufhin an, und sie hatten nicht nur wieder Sex, sondern den geilsten Sex »seit Jahren«, so Alice. Seither könnten sie kaum mehr voneinander lassen. Alice fügt scherzend hinzu: »Ganz ohne Vibrator. Danke euch so sehr, Mädels! Ihr habt wirklich was in Bewegung gesetzt!«

Hilfe! Lauter alte Leute hier auf dem Spielplatz!

Als ich ungefähr 16 Jahre alt war, bildete sich bei uns in der Kleinstadt eine Jugendclique. Wir stahlen uns nachts jeweils aus dem Elternhaus, trafen uns am Kinderspielplatz (!), die Jungs mit ziemlich viel Bier, die Mädchen sexy angezogen (mitten in der Nacht bei kaum einer Beleuchtung!) und alle waaaahnsinnig cool Zigaretten rauchend, sich auf der Wippe gegenübersitzend. Die coolsten Jungs der Clique holten die Mädchen nahe dem Elternhaus mit dem möglichst hoch frisierten Moped ab und düsten die kurze Strecke bis zum Spielplatz mit der höchstmöglichen Geschwindigkeit.

Als einzige Gymnasiastin war ich ein klein wenig in der Außenseiterrolle, denn die anderen verdienten alle in ihrer Lehre schon eigenes Geld. 300 Mark erhielten sie teilweise monatlich! 300 Mark! Für mich damals eine utopisch hohe Summe. Außerdem war meine Schule zwanzig Kilometer entfernt, und ich konnte meine Klassenkameraden nicht so einfach abends treffen – die anderen der Clique begegneten sich jedoch auch tagsüber im Ort oder besuchten gemeinsam eine Berufsschule. Dabei waren die Mädels und Jungs klasse – sie unterstützten mich, die arme Schülerin, die nur Taschengeld erhielt, wirklich großartig: Mal bekam ich eine Schachtel Zigaretten geschenkt, mal spendierte man mir ein Mineralwasser, wenn wir am Wochenende in die Disco gingen.

Irgendwann nach dem Abitur zog ich aus meiner Heimat-
kleinstadt weg, ging ins Ausland und studierte danach in
München. Und die Verbindungen zur alten Clique verloren sich einfach im Laufe der Zeit. Ich lernte neue Leute in
anderen Städten kennen, diskutierte mit Kommilitonen
über Flaubert, Camus und Feyerabend, arbeitete an meiner
Karriere und war bald danach über beide Ohren mit meiner kleinen Familie beschäftigt. Weil meine Eltern auch
noch aus der Kleinstadt weggezogen waren, gab es irgendwann einfach keinerlei Bezug mehr zum Ort meiner Jugend oder zur alten Clique.

Kam aber irgendwann in einer Runde das Thema auf
»coole Jungs«, hatte ich immer noch sofort das Bild der
jungen Männer im Kopf, die mich mit den auffrisierten
Mofas kurz vor Mitternacht eine Straßenecke weiter ab-
holten – nachdem ich durch das Kellerfenster geklettert
war, damit meine Eltern bloß nicht durch den Lärm mitbe-
kamen, dass ich noch mal ausgegangen war. Ich spüre heute noch den Fahrtwind (damals fuhr man noch ohne Helm)
meine Haare zerzausen. Ich rieche das Benzin. Ich höre
noch das aufjaulende Motorgeräusch, wenn Vollgas gegeben wurde. Und ich spüre die jungen Männerkörper, um
die sich vom Rücksitz aus meine Arme zum Festhalten
schlangen.

Andreas, Thomas, Georg und wie sie alle hießen waren
als Bild sofort in meinem Kopf, wenn meine Kinder von
»coolen Leuten« erzählten, mit denen sie unterwegs seien.
(Was sie mir verheimlichten, möchte ich gar nicht wissen.
Wir haben zwar kein Kellerfenster, aber ich gehe mal fest
davon aus, dass sie sich auch aus dem Haus geschlichen
haben, als wir Eltern fest geschlafen haben.)

Umso mehr freute es mich, als vor einiger Zeit eine Einladung kam: »Hallo Monika, es war echt schwierig, deine Adresse herauszufinden, aber nun haben wir sie doch noch gefunden. Wir machen im Sommer ein kleines Fest auf dem alten Spielplatz mit unserer alten Moped-Gang. Kommst du?«

Ich antworte sofort: »Natürlich! Da komme ich gerne! Ich freue mich darauf, euch nach so vielen Jahren wiederzusehen! Wie geht es euch? Ach was! Das kann ich euch dann persönlich fragen. Wann genau?«

Bald kommt eine weitere Mail mit den genaueren Angaben. Brigitte und Susanne wollen kleine Häppchen mitbringen. Und für den Fall, dass es nachts noch sehr kalt sei, solle ich vielleicht eine dicke Jacke und vielleicht sogar eine Decke einpacken.

Ich zucke innerlich ein wenig zusammen. Brigitte und Susanne bringen Häppchen mit? Ausgerechnet die beiden Mädchen, die jeweils ein Jahr in Indien beziehungsweise irgendwo im Nahen Osten verschwunden waren und mit Sitzblockaden in unserer Kleinstadt (!) gegen Atomkraft protestierten? Wie kommen die dazu, jetzt »Häppchen« wie bei einem Elternabend mitzubringen? Sind die jetzt richtig spießig geworden?

Und dann noch der Hinweis von Thomas, ich solle mich warm genug anziehen! Gut, diesen Ratschlag gebe ich als Mutter heute noch meinen Kindern, die in anderen Städten wohnen. Aber das passt doch nicht zu dem coolen Thomas, mit dem ich im Frühjahr bei nächtlichen Temperaturen um den Gefrierpunkt im T-Shirt auf seinem Moped durch die Gegend raste, weil das Wetter oder Frieren einfach scheißegal waren, denn im Leben gab es wesentlich Wichtigeres!

Egal – das kurze Stutzen verfliegt schnell. Ich freue mich einfach auf ein Wiedersehen.

Als der Tag kommt, stehe ich ratlos wie ein Teenie vor dem Kleiderschrank: Was soll ich anziehen, um möglichst cool zu wirken? Nicht, dass ich sonst nicht auch oft ziemlich ratlos vor dem Kleiderschrank stehen würde – aber hier steht das zeitliche Verhältnis von »Klamottenaussuchen« zu »Event« in keinem gesunden Verhältnis mehr. Nach drei Stunden bin ich endlich fertig.

Ich kaufe eine Flasche Sekt, habe Skrupel, Plastikbecher dazu einzupacken (ist das nicht spießig? Haben wir früher nicht auch einfach alle aus einer Flasche getrunken?), und fahre mit dem Auto los. Auf dem Weg dorthin höre ich ABBA und Neil Young, Queen und die Stones. Alles ist ein wenig wie »Driving Home for Christmas« – in eine alte, geborgene Welt reisen und sich dabei auf der Fahrt unbewusst fragen, wo frau mal gestartet, wo sie jetzt gelandet ist – und ob alles dazwischen wohl so richtig war. Wollte ich nicht mal in ein japanisches Zen-Kloster, aber blies das Vorhaben ziemlich schnell ab, weil ich dafür die japanische Sprache hätte lernen müssen? Behauptete ich damals nicht steif und fest: »Ich will nie im Leben Kinder!« Und hätte ich damals nicht jede und jeden abgrundtief verachtet, die sich eine Eigentumswohnung gekauft haben und damit einen »festen Wohnsitz« zementierten?

Ich muss den alten Spielplatz suchen, denn die Stadt hat sich verändert. Viele Neubauten bestimmen das Bild. Es gibt noch vertraute Orientierungspunkte wie alte Stadttürme, aber zugleich stehen da unbekannte Häuser, und die gesamte Straßenführung hat sich verändert. Ja, sogar der Lauf des Flusses! Trotzdem: In der Kleinstadt findet sich schließlich der alte Spielplatz dann doch schnell.

Ich parke und steige über ein altes Geländer (he, ich benutze doch kein Türchen! Auch wenn ich das sonst in München mit den Kindern immer getan habe!) und sehe mich in der Dämmerung nach den Jungs und Mädels um. Da hinten, bei den Wippen, da stehen ein paar alte Leute herum, aber sonst ist hier niemand. Hab ich mich womöglich mit dem Datum geirrt? Ich zücke mein Handy und schaue nach, ob ich Depp nicht schon wieder mal schlicht den Monat verwechselt habe, wie neulich.

»Hey, Moni, schön, dass du da bist!«, höre ich plötzlich eine mir irgendwie vertraute Stimme sagen. Ich blicke auf. Da steht ein Herr mit riesigem Bierbauch, silbergrauen Haaren und einer altmodischen Jeansjacke vor mir.

»Thomas!«, rufe ich. Ja, das ist Thomas. Das kann gar nicht anders sein. Das muss Thomas sein.

»Wir sind da hinten!«, meint mein bester Freund aus Jugendzeiten und geht mir voraus.

Ich tappe ihm nach. Und die »alten Leute da hinten« rücken zunehmend näher.

Sollen das da Brigitte, Susanne und Andreas sein? Es muss wohl so sein, es kann ja gar nicht anders sein!

Fassungslos begrüße ich schließlich eine Dora mit etlichen Falten im Gesicht, eine Brigitte, die wohl das Doppelte von früher wiegt, Georg mit einer Platte auf dem Kopf und Susanne, die völlig überzogen geschminkt ist und ihre »Käsehappen aus eigener Herstellung« auf einem Tablett anbietet. »Monika, greif zu! Mei, bist du dünn geworden!«

Für ein paar Momente steht meine Welt still. Wo bin ich hier gelandet? Unter lauter alten Leuten! Die immer noch vertrauten Stimmen reißen mich aus meiner Fassungslosigkeit.

»Erzähl mal, wie es dir geht!«, fordern mich die Mädels auf.

»Komm schon«, meint Thomas, drückt mir eine Flasche Bier in die Hand und zieht mich auf eine Schaukel. Er schubst mich sanft von hinten an.

»Weißt du noch, damals hast du mir beim größten Liebeskummer meines Lebens geholfen. Du hast mir gesagt, dass die Leonie eine fiese Matz ist!«

Nein, weiß ich nicht mehr, ich kann mich überhaupt nicht mehr daran erinnern. Aber es ist fantastisch, einfach so mal wieder auf einer Schaukel zu sitzen, angeschubst zu werden und andere in der unmittelbaren Nähe zu wissen, denen es wohl gerade nicht viel anders als mir ergeht – sie werden schockiert davon sein, wie alt ich geworden bin, wie alt ich aussehe!

Die großen Musik-Ikonen Janis Joplin, Jim Morrison und Amy Winehouse starben mit 27 Jahren und bleiben so »forever young« in der Erinnerung. Meine coolen Jungs und Mädels wurden zwar nicht zu Ikonen – aber sie leben noch. Ganz klar, was da besser ist!

Ich lasse mich schaukeln, wir erzählen uns alle von unserem Leben, und irgendwann beschließe ich jeder Vernunft zum Trotz (ich bin ja nicht spießig!), jetzt auch Bier und Sekt zu trinken. Ich kann ja im Auto übernachten. He, ich bin noch nicht so alt, um das nicht mehr zu können! Im Kofferraum liegen eine Decke und sogar ein Schlafsack. Also werde ich jetzt diesen Abend auf dem Spielplatz feiern!

Gesagt, getan, wunderbar. Wir trinken, lachen, haben Spaß und erinnern uns daran, wie wir mal nachts zum See gefahren sind, nackt gebadet haben und uns eine andere Clique die Klamotten gestohlen hat. Splitterfasernackt fuhren wir auf dem Mopeds nachts um drei Uhr zurück und rächten uns an den Jungs der anderen Clique in der nächsten Nacht damit, dass wir deren Mopeds durch Durchschneiden irgendwelcher Leitungen außer Kraft setzten.

Die Mädels der anderen Clique bekamen am Sonntag darauf ihr Fett weg – Brigitte las damals die Fürbitten in der Kirche, und wir tüftelten die Texte so aus, dass zu jeder Frau der anderen Clique ein Sätzchen auftauchte wie »Wir bitten um XX, die schon wieder die Berufsschule geschwänzt hat« oder »Wir bitten um XX, die so viel unehelichen Verkehr mit verschiedenen jungen Männern hat«. Die darauf folgenden Dramen im Elternhaus verfolgten wir höchst genussvoll, so gut es ging, mit.

Der Abend und die Nacht fliegen dahin. Ziemlich beschwipst verabschiede ich mich so um drei Uhr von den anderen.

Thomas meint: »He, du kannst auch bei uns pennen. Die Kinder sind aus dem Haus. Wir haben jetzt zwei Gästezimmer!«

»Danke dir, aber brauch ich nicht!«, entgegne ich. »Ich bin noch jung genug, um auch mal wieder eine Nacht im Auto schlafen zu können!«

Im Wagen klappe ich die Sitze zurück, um mir eine Schlaffläche zu verschaffen. Ich rolle den Schlafsack aus, quetsche mich in ihn hinein und stelle fest, dass ich ein Kissen vergessen habe. Ich schiebe die Decke unter meinen Kopf und realisiere, dass so ein Autositz zum Schlafen verdammt unbequem ist.

Irgendwie hatte ich das ganz anders in Erinnerung – aber

gut, diese Erinnerung ist auch schon Jahre, um nicht zu sagen: Jahrzehnte, her.

Gegen sechs Uhr wache ich mit höllischen Kopfschmerzen, einem unglaublichen Harndrang und ziemlichen Rückenschmerzen auf. Wo soll ich denn jetzt pinkeln? Auf dem Spielplatz, auf dem bald schon Kinder spielen werden? Wie soll ich mit so einem Kater zurückfahren können? Ich brauche einen Kaffee! Shit, bin ich alt geworden! Ich kann ja nicht mal mehr in meinem Auto übernachten!

»Was soll der Quatsch?«, ermahne ich mich und denke an das freundliche Angebot von Thomas. Wo wohnt er? Immer noch da, wo er früher wohnte? Ich versuche es. In drei Minuten finde ich den Weg zu seinem alten Haus. Ich klingle, und eine Frau öffnet. »Ach, du bist die Monika aus der alten Clique von Thomas? Thomas erzählte schon, dass du vielleicht kommst. Komm rein! Ich hab alles hergerichtet!«

In einem traumhaften Federbett schlafe ich weiter bis fast gegen Mittag, bekomme von Thomas' Frau ein wunderbares spätes Katerfrühstück serviert. Und gemeinsam lachen wir bis zu meiner Abreise am späten Nachmittag über uns Midlife-Typen, die sich ab und an beweisen müssen, wie jung sie doch noch sind.

Einstellungswechsel und Stellungswechsel

Dorothee, meine Freundin aus der Schulzeit, liebe ich heiß und innig – aber manchmal geht sie mir gehörig auf die Nerven. Und zwar immer dann, wenn sie ihren Zweckpessimismus – wie ich das nenne – an den Tag legt.

Wie zum Beispiel an jenem Donnerstagabend, als sie mich anruft und mir zum x-ten Mal im Detail erzählt, was ihr Chef für ein arrogantes, autoritäres Arschloch ist. Nicht nur, dass er fiese Machtspielchen treibt, er hetzt auch die Kollegen so gegen sie auf, dass sie eigentlich nur noch von Mobbing sprechen kann. Dass er ihre Arbeit nicht wirklich wertschätze – okay, damit lebe sie schon länger. Aber dass er wenigstens nicht aktiv gegen sie vorgehe: Das dürfe sie doch von einem Arbeitgeber wohl noch erwarten!

»Natürlich«, tröste ich sie und füge hinzu: »Dorothee, such dir einen anderen Job! Dieser tut dir einfach nicht gut, jahrelang schon!«

»Du mit deinem Freelancertum redest dich leicht!«, empört sich Dorothee. »Aber wie soll ich in meinem Alter noch eine neue Anstellung finden?«

»Wieso denn nicht?«, entgegne ich. »Du hast mittlerweile so viel Erfahrung und bist so gut organisiert, dass es ein Wettbewerbsvorteil ist!«

»Du lebst auf einem anderen Planeten! Keine Versicherung stellt Frauen über vierzig mehr ein!« Dorothee schnauft tief durch.

Ich lenke ein, denn ich habe tatsächlich wenig Ahnung vom Jobmarkt für Frauen unseres Alters, weil ich schon zu lange freiberuflich arbeite.

»Wollen wir nicht bald mal drüber sprechen?«, schlage ich vor, und wir verabreden uns für den übernächsten Tag, einen Samstag, im Biergarten.

Dorothee und ich treffen uns gerne im Biergarten, und ich muss mich an diesem Samstagabend beeilen, denn Dorothee ist immer auf die Minute pünktlich. Sie würde mir eher verzeihen, ein Nacktfoto von ihr auf Facebook zu posten, als sie warten zu lassen. »Gutes Zeitmanagement ist alles«, lautet das Lebensmotto meiner 52-jährigen, quirligen Freundin. »Anders hätte ich das alles gar nicht geschafft.«

»Das alles« heißt: Sie hat zwei Kinder alleine groß gezogen und es nach einem Dolmetscherstudium noch zur Abteilungsleiterin in der Versicherungsgesellschaft gebracht.

Ich radle los, komme auf die Minute genau zum Biergarteneingang – aber Dorothee ist nicht da. Vielleicht hat sie schon einen Platz für uns gesichert? Ich suche den ganzen Biergarten nach ihr ab, finde sie nicht, komme endlich auf die Idee, auf mein Handy zu gucken, aber weder im Biergarten noch auf dem Handy findet sich eine Spur von Dorothee. Eine Weile warte ich noch mal am Eingang. Und plötzlich piepst mein Handy. »Entschuldige bitte, kam was Wichtiges dazwischen, kann nicht kommen«, schreibt Dorothee.

Okay, kein Problem. Klar. Wenn die überpünktliche Dorothee so kurzfristig absagt, dann muss echt was vorgefallen sein.

Einen Tag später verabreden wir uns wieder für den Abend im Biergarten. Ich hetze mich wieder ab, um nur ja pünktlich zu sein – und wieder das Gleiche: Dorothee ist nicht am Eingang, auch im Biergarten nicht zu finden, und schon wieder keine Nachricht. Seltsam. Ungewöhnlich.

Ich rufe sie an: »Dorothee, kommst du noch, oder was ist denn los?«

Die Stimme der Freundin am anderen Ende der Leitung stottert: »Es tut mir so schrecklich leid, aber jetzt kam schon wieder was dazwischen, das ist wichtig. Bitte verzeih, aber ich kann nicht kommen!«

Natürlich verzeihe ich ihr, sie wird schon ihren Grund haben.

Drei Tage später noch einmal das gleiche »Spiel«. Ich verstehe plötzlich: Irgendwas stimmt da nicht. Was ist da los? Ich rufe Dorothee an und frage nach: »Sag mal, das kann doch jetzt nicht sein, dass so ein zuverlässiger Mensch wie du drei Mal nacheinander absagt. Da stimmt doch was nicht! Ich mach mir Sorgen!«

Dorothee schluchzt plötzlich. »Ich weiß auch nicht, was da los ist, ich traue mich plötzlich nicht mehr in den Biergarten!«

Wie bitte? Wieso traut sich Dorothee nicht mehr in den Biergarten?

»Soll ich dich morgen besuchen kommen?«, biete ich ihr an.

»Nein!«, erklärt Dorothee überzeugt. »Ich weiß nicht, was los ist, aber ich muss doch in einen Biergarten gehen und dich treffen können!«

Meine zweite beste Freundin ist Kikki. Die ist Psychologin. Und die hat mir schon vor einiger Zeit mal ausführlich von einer Patientin mit Panikattacken erzählt und wie diese den Radius von Menschen einschränken. Aber ich weiß nicht – die quirlige Dorothee ist zwar nervig wegen ihres Zweckpessimismus und ihres Bestehens auf Pünktlichkeit, aber sie ist doch kein Angsttyp! Andererseits würde das alles zu dem passen, was mir Kikki erklärte: Wenn die Angst so übermächtig wird, trauen sich ansonsten agile Leute plötzlich nicht mehr durch einen Tunnel zu fahren, in einen Lift oder zu einem geselligen Zusammensein. Von einer Biergartenangst hat Kikki zwar nichts erwähnt, aber sie meinte mal, die spezifische Angst könne sich an allem Möglichen festmachen. Ich sollte Dorothee mal darauf ansprechen. Vielleicht wäre es ja so was in dieser Art, und Dorothee könnte sich Hilfe holen.

Fünf weitere Absagen und drei Monate später gebe ich auf. Dorothee möchte keinen Besuch, kommt nicht in den Biergarten und schreibt auch nicht mehr wie sonst Nachrichten. Und am Telefon möchte ich ihr auch nichts unterstellen von wegen Panikattacken. Als gute Freundin biete ich ihr an, dass wir uns jederzeit sehen und sprechen könnten, sage aber auch, dass ich jetzt keine Lust mehr hätte, mich mit ihr zu verabreden, nachdem sie bei den letzten Malen nie erschienen sei, und es mir gehörig auf den Wecker ginge, dass sie plötzlich so unzuverlässig geworden sei.

Zwei weitere Monate später ruft Dorothee an: »Können wir uns am Samstag im Biergarten sehen? Ich komme auch sicher, mach dir keine Sorgen. Ich möchte mich auch dafür entschuldigen, dass ich in letzter Zeit so unzuverlässig geworden bin. Und ich möchte dir das gerne erklären. Das waren Panikattacken vom Feinsten! Da geht irgendwann gar nichts mehr. Und jetzt gibt es etwas zu feiern.«

Aha. Natürlich sage ich der Verabredung gerne zu. Alles verziehen und vergessen, wenn es der Freundin zuvor so schlecht ging.

Tatsächlich kommt Dorothee an dem Tag früher als verabredet, sie wartet schon am Eingang auf mich und hat sich einen Platz ausgespäht, den wir so schnell wie möglich »okkupieren« sollten, ehe andere Gäste ihn uns wegschnappen. Dorothee ist wieder ganz die Alte mit ihren Adleraugen.

Wir lassen uns nieder, holen uns Getränke und Essen und quatschen – erst mal ganz allgemein über die Kinder, über die Männer, über den Lebensverlauf schlechthin.

»Und was war das jetzt mit den Panikattacken?«, frage ich schließlich. »Ich will da nicht bohren, aber du selbst hast gesagt, dass du mir das erzählen willst.«

»Ach, das war furchtbar, ich habe mich nicht mehr an öffentliche Orte getraut. Aber bis mir das klar wurde und ich Hilfe gesucht habe, hatte ich eine schlimme Zeit«, erklärt Dorothee ganz gelassen. »Panikattacken sind scheußlich, der ganze Körper wird von Angst geflutet. Aber sie haben auch echt was Gutes. Sie weisen uns darauf hin, dass wir uns in einer vermeintlich ausweglosen Situation befinden, die wir ändern müssen, sei es der Job oder die Beziehung oder das Umfeld. Hinter Panikattacken steckt immer ein ungelöster Konflikt. Der Körper rebelliert gegen diese unerträglichen Umstände und will uns deshalb mit der Angst warnen, damit nichts wirklich Schlimmeres mit uns passiert.«

Ich bin baff. Ausgerechnet die zweckpessimistische Dorothee gewinnt sogar ihren eigenen Panikattacken noch etwas Positives ab.

»Den Attacken ging eine längere Geschichte voraus, mein Denken wurde immer pessimistischer!«, ergänzt Dorothee.

Ich bin erneut überrascht. Die negative Weltsicht scheint also auch vorher schon Teil des Problems gewesen zu sein.

»Und dann war es nach nur drei Therapiesitzungen schon sehr, sehr viel besser!«

»He, das tut mir leid«, antworte ich. »Ich wollte dir ja auch helfen, aber du hast dich so zurückgezogen!«

»Das ist Teil des Problems, denn irgendwann denkst du dir bei so Attacken: Ich spinne ja komplett. So darf mich nicht mal eine gute Freundin sehen!«

»Und wie geht es dir jetzt?«, frage ich. »Wieder ganz gut?«

»Fast! Denn eigentlich war es dann doch ganz einfach, stell dir vor. In meinem Fall war es nur so, dass ich ein paar alte Glaubenssätze meiner Eltern über Bord werfen musste. Und der wichtigste davon hieß: ›Jenseits der vierzig findest du keinen neuen Job mehr!‹ Das war mein tieferer, innerer Konflikt, der hinter meiner Panik stand.«

Ich muss den Kopf schütteln und dabei grinsen.

Dorothee lächelt zurück und nimmt einen Bissen vom Schweinebraten des Biergartentellers. Sie meint: »Ich weiß schon, was du dir jetzt verkneifst: Genau das hab ich doch gleich gesagt!«

Wir lachen beide, denn wir wollten nie wie unsere Mütter werden, denen so oft über die Lippen kam: »Das hab ich dir doch gleich gesagt!«

»Und stell dir vor: Vor zwei Tagen bekam ich die Zusage

zu einem neuen Job! Mit mehr Gehalt! 800 Euro mehr. Die wollten unbedingt eine Frau mit viel Berufserfahrung einstellen! Und das feiern wir jetzt!«

Oha. Vielleicht bin *ich* zu zweckpessimistisch, weil ich schon länger nicht mehr daran gedacht habe, mein Honorar erhöhen zu lassen. Warum eigentlich? Na ja, weil ich immer fand, in meinem Alter könnte ich ja froh sein, dass ich die Aufträge überhaupt noch kriege!

Zehn Sexstellungen für Frauen ab fünfzig

1. Nur im Dunkeln
2. Nur im Dunkeln
3. Nur im Dunkeln
4. Nur im Dunkeln
5. Nur im Dunkeln
6. Nur im Dunkeln
7. Nur im Dunkeln
8. Nur im Dunkeln
9. Nur im Dunkeln
10. Bei Tageslicht ohne ihn

Wenn das Wörtchen »noch« nicht wär

Für dein Alter siehst du noch ziemlich gut aus.«
»Noch sind wir jung genug, um alles neu anzupacken.«
»Wir sollten unbedingt noch in die Karibik reisen, wer weiß, wie lange das alles noch geht.«

»Komm schon, flirte doch mit dem, noch sind wir attraktiv!«

»Wir brauchen dich schon noch ein wenig!«

Jedes »noch« kommt bei mir übersetzt so an: »Mach mal, es kann nämlich demnächst ganz schnell vorbei sein.« Das verdammte »noch« ist zu einem Wink mit dem Zaunpfahl geworden, wie sehr sich meine Restlaufzeit verkürzt hat. Und ich entwickle eine völlig ungerechte Wut über jeden und jede, der oder die das so ausspricht. Noch so ein Noch-Satz, und ich vergesse meine pazifistische Einstellung, meine gute Kinderstube, mein altersgemäßes Verhalten und nehme mir ein Vorbild an berühmten Mörderinnen der Weltliteratur.

Sagt mein Mann doch eben: »Wir sollten noch den Keller aufräumen, bevor dieses Jahr auch wieder vorbei ist und wir den Kindern irgendwann dann nur unnützes Zeug hinterlassen!«

Noch habe ich keine Leiche im Keller, noch lebt mein Mann, noch, noch, noch …

Omas 70. Geburtstag –
eine Familien-WhatsApp-Story

Samstag

Monika

In sieben Tagen wird Oma Erni 70. Irgendjemand eine Idee für eine Überraschung? 😘 😳

17.13

Eva

Aber du hast doch schon ein Geschenk für deine Mutter, Mom! Wir gehen zum Schuhbeck.

17.15

Monika

Schon, aber es wär doch toll, wenn sie auch noch ein Geschenk zum Auspacken bekommen würde und wir sie nicht nur mit Papa zum Essen abholen würden.

17.17

Sonntag

Monika

Hallo? Jemand eine Idee?

14.03

Lukas

Sind die Kurzfanteln noch im Keller, Mom? Ich brauche sie sofort!

14.05

Monika

Kurzfanteln? Keller? Was meinst du?

14.05

Alex

Dein Boxsack steht im Keller. Immer im Weg. Die Kurzhanteln liegen da auch noch rum.

14.05

Lukas

Boxsack brauch ich nicht. Nur die Kurzhanteln! Die aber sofort! Könnt ihr mir sie schicken?

14.07

Monika

Ach, die schweren Dinger! Schicken? Was meinst du, was das Porto kostet? Kannst du nicht einfach Liegestütze machen?

14.09

Alex

Porto kostet mehr als neue Hanteln. Kauf dir welche, ich zahl sie. Kriegst vielleicht Studentenrabatt.

15.30

Eva

😠 Ach nee, Lukas kriegt die gezahlt, weil er 200 Kilometer weg wohnt. Und ich soll 100 Kilometer fahren für die grüne Sommerjacke, die ich vergessen habe und die ihr auch schicken könntet, kostet kaum Porto!

15.31

Montag

Alex

Kauf dir eine neue Jacke, Eva, ich zahl sie dir!

08.15

Monika

Haben wir jetzt einen Geldscheißer oder was, nur weil ihr so unorganisiert seid?

09.00

Eva

Love you, Dad! 😍

09.00

Lukas

Love you, Dad! Und sister in my heart! 😚

14.09

Eva

Süß, Lukas ist schon wach. Und ich hab schon die Früh-schicht hinter mir. 😋

14.12

Monika

Was ist denn nun mit der Überraschung zu Mamas 70.?
Nehme jede Idee gerne entgegen! Her damit!

15.39

Dienstag

Lukas

Nichts schicken, Mama! Steh grad im Laden, die Kurzhanteln
gibt's für zehn Euro. Würde mehr Porto kosten!

16.53

Monika

Hä? Meinte ich doch!

16.57

Eva

Der ist immer noch besoffen! 😄

16.59

Monika

Lukas, hast du ein Alkoholproblem?

17.04

Lukas

Chill mal, Mom! 😇

17.11

Eva

War nur Spaß, mach dir keine Sorgen, Mom! 😍

17.12

Alex

Freu mich schon auf dich heute, Schätzchen!

17.39

Monika

Schätzchen? Wie meinen? Bist du heute Abend nicht
mit Andi beim Billard?

18.15

Lukas

Ich brech ab! Papa hat einen Kontakt mit
der Gruppe hier verwechselt!

18.16

Mittwoch

Eva

Kann jemand mein Abizeugnis scannen und schicken?
Haben die in der Verwaltung angeblich nicht bekommen.
Brauch ich für die Praktikumsbewerbung.

06.30

Lukas

Wie macht man ein Klo sauber, Mom?

14.30

Eva

Sind die verreist, Lukas? Mom, Dad: Warum meldet ihr euch
nicht?

19.00

Alex

Alsschowiegut nur stressjetzimauhandi

23.52

Lukas

😄Ein Auge zumachen beim Schreiben! Dad, wenn du betrunken tippst, dann triffst du die Buchstaben so besser!

23.56

Donnerstag

Monika

Also euer Vater und ich … wir hatten eine Auseinandersetzung. Aber er war wirklich mit Andi verabredet, nicht mit einer anderen, die nennen sich allen Ernstes scherzhaft immer »Schätzchen«. Jetzt ist alles wieder gut, macht euch keine Sorgen. Er ist jetzt ins Büro, mit einem Riesenkater! 😘

08.45

Eva

Ich brauch das Abizeugnis, Mom, dringend!

09.01

Monika

Der Scanner ist kaputt, hab es eben ewig versucht, muss jetzt ins Büro.

09.35

Alex

Du musst die Einstellungen ändern, statt »ADF« auf »Automatische Erkennung« gehen.

12.05

Monika

Ich bin jetzt im Büro!!! Zufälligerweise arbeite ich auch noch und schicke nicht bloß Dinge für andere durch die Welt. 😣

12.47

Lukas

Mom und Technik! Alte enge Freunde! 😃

14.07

Lukas

Wie geht das jetzt mit dem Klo?

14.09

Eva

Bruderherz, das ist wahnsinnig kompliziert. Da brauchst du spezielle Reiniger und viel Feingefühl. Mom würde sich die Finger wund tippen, wenn sie dir das alles schriftlich erklären müsste.

14.16

Monika

14.20

Lukas

Haben super Stress in der WG wg Putzen. Sprachnachricht, Mom?

14.23

Monika

Ich ruf dich nach Büroschluss an.

14.51

Lukas

Klo sauber, danke, Mom. So was von easy.

18.25

Eva

Scan da. Danke, Dad!

18.30

Alex

Eure Mutter hatte die Blätter falsch herum eingelegt …

18.35

Monika

Papa hat hervorragend für uns beide gekocht, Versöhnungs-essen sozusagen. Hab aber die Fotos leider verwackelt. Sonst würd ich sie euch schicken. War fantastisch angerichtet. Und die Marinade mit Portwein ist der Hit! Das Rezept muss ich euch unbedingt mal geben!

19.30

Alex

Das interessiert doch die Kinder nicht!

19.35

Freitag

Monika

MORGEN ist Mamas Geburtstag. Jemand eine Idee?

08.30

Lukas hat ThedudeMike zur Gruppe hinzugefügt

13.35

ThedudeMike

Krokodil

13.36

Eva

??? Frühbier, brother?

13.36

Monika

Wer ist ThedudeMike? Wie kommt da jemand in unsere Gruppe? Was geht hier vor sich?

13.36

ThedudeMike

Ich bin's! Hab jetzt ein Handy. Hat mir Lukas eingerichtet, fernmündlich.

13.40

Monika

Wer »ich«? Ein Krokodil? Lukas, hast du eventuell doch ein Alkoholproblem? Oder was mit Drogen?

13.41

ThedudeMike

Test Test Test

13.42

Lukas

 Opa ist dabei! Hab ihm 'nen guten Namen verpasst.

13.43

Eva

Wie originell, brother, weil er Michael heißt! Opa, du tauchst hier als »ThedudeMike« auf!

13.45

ThedudeMike

Ich habe aber Krokodil geschrieben! Alles weg. Eva, bist du das wirklich?

14.15

Lukas

Du musst nach unten wischen, Opa, dann taucht das oben wieder auf.

14.16

ThedudeMike

Was muss ich wischen?? Erni macht das mit dem Putzen doch immer bei uns! Ich kann das gar nicht.

14.35

Lukas

Beim Handy wischen! Ich ruf dich an, Opa!

14.36

Lukas

Mom, Dad! Bitte bringt die Tischtennisbälle mit zum Schuhbeck, die liegen im Keller!

14.36

Eva

Bruderherz: Keine Bälle in der Hose?

14.37

ThedudeMike

Warum soll Lukas Bälle in der Hosentasche haben?

15.12

Lukas

Ich ruf dich gleich an, Opa!

15.14

Lukas

Mom, kann ich die Wäsche zur Not auch mit Spülmittel waschen? Und wie geht marinieren? Was ist das überhaupt? Muss da bald ein Mädel beeindrucken.

15.14

Alex

Lese das erst jetzt: Willkommen, Michael!

17.40

Lukas

Mom, wir haben Stress in der WG. Wär wichtig: Brauche ich wirklich Waschmittel?

20.01

Lukas

Mom, mein Judoanzug ist nach der Wäsche so komisch blau. Ist diese Waschmaschine im Arsch?

21.55

Lukas

Verdammt, Eva, sind die unterwegs, oder haben die wieder Krach?

23.08

Lukas

Eva? Mom? Dad? Opa?

23.10

Samstag

Eva

Du kannst aber auch nur nerven, Lukas. Die werden schon was zu tun haben. Kann es sein, dass du deinen Judoanzug mit neuen, dunklen T-Shirts zusammen gewaschen hast? Übrigens: Ich bringe morgen, also heute, jemanden mit. Er heißt Toni. 😠 🖤

01.30

Lukas

Mist, das ist es. Die T-Shirts haben abgefärbt, hatte Mom mir eigentlich ja mal erklärt. 😕

01.30

Lukas

Und war der Sex gut mit ihm, Eva, wenn DU jetzt sogar noch auf bist? 😈

01.31

Eva

No comment! Idiot!

01.32

Monika

Bin wieder da, hatte das iPhone in der Toilette versenkt, wie peinlich! Alles sauber gemacht, trocken geföhnt. Geht alles wieder wunderbar!!!

07.30

153

Alex

Sie ist immer noch völlig aufgelöst. Dass Föhnen nix bringt, hat sie sich nicht ausreden lassen!

07.32

Monika

Aufgelöst? Darauf antworte ich nicht! Idiot!

07.33

ThedudeMike

Was sind denn das für Umgangsformen? Haben wir euch nicht besser erzogen?

07.40

Monika

Nein, das ist nur ganz selten so, entschuldige … Unser aller Nerven sind angespannt, weil wir noch ein Geschenk für Oma für heute Abend suchen.

07.41

ThedudeMike

Gehen wir nicht zum Schuhbeck? Erni freut sich so darauf. Ich hab es ihr verraten, damit sie sich die Garderobe zusammenstellen kann. Sonst gibt es wieder ein Drama, wie beim 60.

08.57

Monika

Doch, schon Schuhbeck, aber wir wollten noch etwas dazu finden! Ein Geschenk zum Anfassen.

08.57

ThedudeMike

Schenkt ihr doch ein Handy! Dann kann sie hier auch dabei sein!

08.57

Monika

Das ist doch viel zu kompliziert für Oma Erni!

08.59

Eva

Quatsch! Oma Erni ist fitter mit Technik als du, Mom!

09.17

Monika

Blödsinn! Ich hab ihr die Radiosender einstellen müssen!

09.18

Lukas

Ach so, Oma hat Geburtstag! Ich dachte Opa. Deshalb war das meine Idee, ihn hier in die Gruppe zu bringen!

12.37

Eva

Guten Morgen, Bruder! Kiffst du jetzt auch wieder? Mom hat immer vom Geburtstag der OMA geschrieben!

12.37

Monika

Gibt es doch ein Drogenproblem? Was verschweigt ihr mir?

14.03

Lukas

Chill mal, Mom, Eva ist echt mies drauf. Toni vögelt vielleicht doch nicht so toll, wie sie gerne möchte. Okay, okay, ich hab einfach die Geburtstagsdaten durcheinandergebracht. Hab aber keine Demenz deshalb! 😊

14.09

Monika

Jetzt reißt euch mal am Riemen! Opa liest mit! Was muss der sich jetzt denken?
Ich hab übrigens ein Seniorenhandy für Mama bekommen, mit extragroßer Tastatur!

14.11

Eva

Das geb ich mir jetzt echt nicht, Lukas. Ich komme nicht und Toni auch nicht!

14.11

Monika

Kinder! Oma hat Geburtstag! Streitet euch doch woanders und wann anders! Das ist kein Benehmen!

14.13

ThedudeMike
Krokodil! Test Test Test!

15.12

Lukas
Mom, hast du Opa schon das Handy für Oma gegeben?

15.13

Monika

Nein. Da schreibt schon noch Opa, nicht Oma. Und mein Chef sagt gerade, mit diesem Seniorenhandy kommt man nicht ins Internet! Mist! Fehlkauf.

15.16

Alex

Schatz, wie oft soll ich dir noch sagen, dass du den Kauf von technischen Geräten mir überlassen sollst?

15.17

Monika

Ihr könnt alle nur nörgeln, und keiner hat eine Idee. Und in zwei Stunden stehen wir ohne Geschenk für Mama da.

16.04

Lukas

Vergesst die Tischtennisbälle nicht!

16.04

Monika

Und Eva: So geht das echt nicht, bei Omas 70. Geburtstag kannst du nicht einfach abspringen! Wegen einem Streit mit deinem Bruder!!!

16.04

Eva

Sorry, Mama, vergessen zu schreiben: Hab das mit Lukas längst geklärt. Toni und ich kommen. Ihr werdet ihn mögen. Er ist so wunderbar. Wir fahren gleich los mit seinem BMW.

16.05

Alex

Ein BMW-Fahrer???

16.07

Eva

Ja, Dad, nicht jeder bleibt bei einem Hollandrad stecken!

16.08

Monika

EVA!!! ICH RUF DICH AN!

16.09

ThedudeMike

Erni findet die Perlenkette nicht. Ohne die geht sie nicht
außer Haus, sagt sie, bei so einem Anlass!

16.14

Monika

Wir sind bald bei euch und holen euch ab, dann rede ich
mit ihr. Das war beim 60. auch schon so, und dann wurde es
doch noch ein schöner Abend.

16.17

Lukas

Wir haben ein passendes Smartphone für Oma. Eva und ich
teilen uns die Kosten, außer ihr beteiligt euch netterweise.
Wenn ihr das schon nicht auf die Reihe kriegt mit dem
Geschenk, haben wir das eben gemacht.

18.01

Monika

Ihr seid großartig! Ich liebe euch!

18.02

Eva

Wir haben eine Panne!

18.03

Lukas

Du meinst, der BMW fährt nicht mehr?

18.05

Eva

Ähm … ja. Aber Toni kann nichts dafür!

18.05

Monika

Alex fährt, Oma und Opa sitzen im Wagen, wir sind gleich beim Schuhbeck. Alles gut!!! Was Papa zum BMW gesagt hat, schreibe ich hier lieber nicht. Wir wollen doch einen schönen Abend haben!

19.03

Monika

Ach so … wir haben die Tischtennisbälle dabei, Lukas!

19.04

Eva

Toni ist ein Vollidiot! Was bin ich froh, dass ich Familie habe! Der Wagen ist liegen geblieben, und er hat die Leute, die ihm helfen wollten, echt fies angemacht! Die hatten extra angehalten. Schrie da rum, dass er doch keine Hilfe von solchen Wichsern braucht. Extrem peinlich. Und dann ist er auch noch auf mich losgegangen, weil ich das so was von bescheuert fand. Sitze jetzt im Wagen eines netten alten Paares, die bringen mich zu euch. Komme noch einigermaßen pünktlich.

19.10

Lukas
Dem polier ich die Fresse, Schwester. Name? Adresse?

19.11

Monika
Männer! Drück dich, Schatz! Bis gleich!

19.31

Alex
Ich sag jetzt nichts zu BMW-Fahrern … komm gut zu uns Eva, wir sind schon alle da!

19.45

Lukas hat OmaErni zur Gruppe hinzugefügt

21.42

OmaErni

Danke euch Lieben noch mal für den schönen Abend!
Was für ein wunderbarer 70. Geburtstag. Das Smartphone
hätte es aber wirklich nicht gebraucht, denn ich hatte ja
schon eins, Opa hatte das nur mit einem Taschenrechner
verwechselt. Aber was für eine schöne Überraschung, dass
ihr auch bei WhatsApp seid. Komischerweise dachte ich
immer, nur meine Canastarunde wäre da up to date. Wobei …
wenn ich so nachlese, was mir Michael eben im Chatverlauf
mit euch zeigte, frag ich mich, ob das hier wirklich so
harmonisch und nett und ruhig wird wie mit meinen Karten-
frauen.
Ich liebe euch!

06.30

Ich kann das!

Jetzt zähle ich mal frei von der Leber weg auf, was ich heute im Gegensatz zu früher so alles kann:

- Ich weiß genau, welches Fleckenmittel gegen Schmiere, Blut oder Obst hilft und wie es anzuwenden ist.
- Ich kann das Geld für meinen Lebensunterhalt verdienen und bin dabei nicht auf einen Mann angewiesen.
- Ich kann Onlinebanking über mein Handy erledigen.
- Ich brauche niemanden mehr, der mich beim Klamottenkauf berät.
- Steuererklärungen sind zwar nach wie vor gruselig, aber nach der gefühlt hundertsten sitze ich nicht mehr wie das Kaninchen vor der Schlange vor den Formularen, sondern erledige die Aufgabe einfach.
- Ich kann ohne jegliche Köchinnen-Ausbildung meine Familie verdammt gut mit köstlichem Essen versorgen.
- Als Putzfrau bin ich unschlagbar. Das mache mir mal jemand nach, den Kühlschrank so schnell zu reinigen!
- Den Typen, der an der Bushaltestelle neben mir ausrastet, kann ich damit erden, indem ich ihn frage: »Was ist eigentlich Ihr tieferes Problem, nicht provokativ gefragt, sondern aus einem ehrlichen Interesse heraus?«
- Mit 15 Stunden Nähaufwand schneidere ich mir mein eigenes Kleid.
- Ich kann das Loch in meinem Fahrradreifen flicken und muss meinen Mann nicht mehr um Hilfe dazu bitten.
- Meine Kinder coache ich während ihrer Krisen mit links über WhatsApp-Nachrichten.

- Ich kann mir die Haare färben. Ich kenne die besten Produkte und weiß, wie ich sie auftragen muss, um zu einem gleichmäßigen Ergebnis zu kommen.
- Ich spare bei Reinigungsmitteln mit No-Name-Produkten und kaufe im Sinne der Gesundheit und Nachhaltigkeit hochwertige Lebensmittel im Bioladen ein.
- Abgesehen von kleinen Aussetzern, wie an dem Tag, als ich den Wagen gegen eine Säule gesetzt habe, fahre ich sehr gut Auto.
- Wenn ich mag, bohre ich mit der Maschine sogar ein gerades Loch in die Wand.
- Ich pflege nur noch Sozialkontakte, die mir guttun, und nicht mehr mit Leuten, die mir Energie absaugen.
- Ich weiß genau, mit welchem Programm der Spülmaschine alles sauber wird und wie ich Wollpullover am besten wasche und trockne.
- Ich meistere jeden Elternabend trotz Mordfantasien gegenüber der Lehrkraft.
- Meine Zehennägel sind fast perfekt sexy rot lackiert, denn ich bin eine Meisterin des Streichens.
- Ich kann problemlos eine ganz Wohnung weißeln oder in einer Schöner-Wohnen-Farbe streichen.
- Ich bin bei allem eigenen Stress auch noch aufmerksam anderen gegenüber und kann eine alte Frau trösten, die ihre Brille an der Supermarktkasse verloren hat, dies nicht mal bemerkte und vor Dankbarkeit in Tränen ausbricht, weil ich die Lesebrille auf dem Boden liegen sah und sie ihr zurückgebe.

Nur diese Dinge konnte ich viel zu lange nicht:
- Eine Putzfrau einstellen
- Mein Traumkleid bei einer Schneiderin in Auftrag geben

- Meinen Mann auf diesen beschissenen Elternabend schicken
- Die von Flecken versaute Jeansjacke in die Reinigung geben
- Die Steuerberaterin die Erklärungen erledigen lassen
- Mein Fahrrad im nächsten Fahrradladen reparieren lassen
- Meinen Mann die Spülmaschine einräumen lassen
- Beim Friseur die Haare färben lassen und dabei entspannen
- Maler engagieren, die unsere Wohnung streichen
- Einer Kosmetikerin meine Zehennägel anvertrauen

Kurzum: Mit das Schönste daran, eine Frau über vierzig zu sein, ist: Ich kann alles, aber vor allem bin ich nun so klug, delegieren zu können und nicht mehr zu meinen, selbst alles können und machen zu müssen. Zwar setzt mir der Geldbeutel eine natürliche Obergrenze, aber unterm Strich zahlt sich das Abgeben-Können manchmal nicht nur in Lebensqualität aus.

Eine Putzfrau löst den ewigen Ehestreit zwischen mir und meinem Mann zum Sauberkeitslevel der Wohnung. Eine Schneiderin näht mir mein Traumkleid zu einem Preis, der meine Verschnitte und Materialkosten kaum übersteigt. Die Lieblingsjacke gebe ich in die Reinigung, ohne vorher jeden Tag ein anderes Fleckenmittel ausprobiert zu haben und damit in der Summe fast auf den gleichen Preis zu kommen. Und ich gönne mir gute Stunden, weil ich nicht entscheiden muss, was ich warum und wieso von der Steuer absetzen kann. Das sollen mal andere für mich erledigen.

Mansplaining

Mann 40+ und Frau 40+ am Telefon.

SIE
Hallo, Schatz, ich bin's.

ER *(ironisch)*
Hätte ich jetzt gar nicht vermutet nach der Namensanzeige auf meinem Display!

SIE
Na, komm schon, früher haben wir uns auch so gemeldet!

ER
Früher, ja! Aber dir ist nicht klar, wie rasend unser Leben vom digitalen Fortschritt verändert wird. Nur als kleines Beispiel: Früher haben wir noch am Bankschalter mit Unterschrift Geld abgehoben. Jetzt machen wir Überweisungen von daheim aus! Onlinebanking.

SIE
Als ob ich das nicht wüsste! Immerhin hatte ich vor dir eine Geldkarte mit PIN.

ER
Du musst wissen, die intelligenten Geräte, das Smart Home werden immer weiter den Markt erobern und unseren Alltag bestimmen.

SIE

Ähm, Schatz, genau das ist auch Thema meiner Fortbildung. Und stell dir vor: Diese Fortbildung ist echt mega. Nicht so dröger Mist wie die anderen sonst. Und das Hotel: Klasse! Mit eigener Sauna und Fitnessstudio. Und Schwimmbad. Da war ich eben noch, und jetzt lege ich mich ganz entspannt hinein in ein Boxspringbett!

ER *(scherzend)*

Ich bin schwer beruhigt, dass bei deiner Fortbildung nur Frauen mitmachen. Die meisten Seitensprünge passieren mit Kollegen!

SIE

Apropos Frauen. Wir haben da heute was Interessantes ...

ER

Eigentlich sind Fortbildungen doch Quatsch, die sind völlig überschätzt, sagt auch die Statistik. Ist in erster Linie nur Wohlfühlklimbim für die Mitarbeiter.

SIE

Sehe ich aber seit heute anders. Ich hab echt was gelernt. Zum Beispiel, was »Mansplaining« heißt.

ER

Ach komm, diese ganzen Anglizismen ... Da werden neue Wörter erfunden, nur weil es englisch schöner klingt! Du hast gar kein kritisches Bewusstsein mehr! Und so funktioniert auch Werbung!

SIE

Wie? Was soll das denn? Natürlich weiß ich, was Werbesprache bedeutet, ich schreibe schließlich unter anderem über AIDA …

ER

AIDA heißt: Attention, Interest, Desire, Action. Also der Kunde muss zunächst auf ein Produkt aufmerksam werden, dann muss er sich mit Interesse ausführlicher damit beschäftigen, den Wunsch entwickeln, das Produkt zu besitzen, und schließlich muss er dazu gebracht werden, es zu kaufen. Also: Attention, Interest, Desire, Action – zu Deutsch: Aufmerksamkeit, Interesse, Wunsch, Aktion.

SIE

Hör mal, ich bin in der Materie drin und des Englischen mächtig! Du musst mir nicht berichten, was *ich* dir mal erklärt habe, als …

ER

Natürlich bist du nicht doof, aber manchmal hast du doch eklatante Wissenslücken! Wie neulich mit der Stadt in Spanien.

SIE

Das hab ich alles gewusst, du hast mich nur nicht zu Wort kommen lassen, und genau das meint übrigens auch das, was ich heute gelernt habe – Mansplaining, das heißt …

ER *(unterbricht sie)*

… das Wort gibt es nicht im Englischen, Baby, ich spreche perfekt Englisch!

SIE

Hab ich auch nicht behauptet, dass dies ein gängiger englischer Begriff ist, er ist vielmehr neu kreiert worden …

ER *(unterbricht sie)*

… siehst du, doch so eine Modeschöpfung. Inflationär kommen die daher. Was meinst du, was ich in meinem Büro dazu schon abgeschmettert habe. Auf dem Gebiet der Architektur wird das immer krasser!

SIE

Du hörst mir überhaupt nicht zu! Das ist Teil des Problems!

ER

Welchen Problems? Wieso schwenkst du jetzt plötzlich auf das Private um? Bleib doch mal bei der Sache, Schatz!

SIE

Also, du bittest mich, auf der Sachebene zu kommunizieren, und nennst mich zugleich »Schatz«?!

ER *(pampig)*

Hä? Was meinst du? Darf ich dich jetzt nicht mehr »Schatz« nennen?

SIE

Ich rede von »Mansplaining«, also …

ER

Entschuldige bitte, Schatz, wenn ich dich noch so nennen darf, aber ein wenig wirr ist das schon, oder? Jetzt springst du wieder zu dieser anderen Ebene!

SIE

Nein, eben nicht, ich versuche doch gerade zu erklären, wie das zusammenhängt, also …

ER

Erklären? Wenn ich dich nicht besser kennen würde, würde ich sagen, du hast was getrunken!

SIE

Du lässt mich einfach nicht ausreden, so kann ich nichts erklären, und das ist eben Teil des Problems …

ER

Und jetzt wiederholst du dich schon wieder. Wirf mir ja nicht mehr vor, dass ich schon Frühalzheimer hätte und …

SIE *(unterbricht ihn energisch)*

… werd jetzt nicht schon wieder persönlich! Mansplaining heißt, dass Männer herablassend erklären, sie wüssten mehr über einen Gesprächsgegenstand, weil sie automatisch davon ausgehen, dass Frauen schlechter informiert seien. Die Wortneuschöpfung geht auf einen Essay von Rebecca Solnit zurück. Männer werten in Gesprächen Frauen automatisch ab, weil sie selbstverständlich davon ausgehen, besser Bescheid zu wissen. Sie dozieren, auch wenn das weibliche Gegenüber viel besser zum Thema Bescheid weiß. Verstehst du, Schatz?

ER

Klingt interessant, deine Fortbildung – aber wieso wechselst du schon wieder auf die private Ebene? Was hat das mit uns zu tun?

Was zeichnet eine Frau ab vierzig aus?

Ergänzen Sie den ersten Buchstaben, und von oben nach unten gelesen ergibt sich eine unserer besten Eigenschaften.

☐ obustheit

☐ gilität

☐ einsinn

☐ rechheit

☐ ntellekt

☐ iveau

☐ mpathie

☐ ensibilität

☐ tärke

☐ twas, das gewisse

Da stimmt die Chemie!

Im … ähm … »fortgeschrittenen Alter« … ähm … also …. nein! Ich kann Ihnen gar nicht sagen, wie bescheuert ich diesen Begriff »fortgeschrittenes Alter« finde! Noch schlimmer ist eigentlich nur das inflationäre »junge Frau«, mit dem ich neuerdings immer öfter angesprochen werde. »Und was darf es für die junge Frau sein?«, fragt der Metzger mich in meinem Alter. Da bin ich kurz davor, ihm das Metzger-Messer zu entreißen und es gegen ihn zu richten! Ich hätte natürlich keine Chance gegen den Fast-Zwei-Meter-Mann, aber meine Fantasie blüht, wenn ich den Begriff höre.

Aber wie auch immer: In meinem fortgeschrittenen Alter gehe ich immer weniger in Kneipen und schlage mir dort die Nächte um die Ohren. Eine durchgemachte Nacht heißt nicht mehr wie früher: Am nächsten Tag bist du völlig fertig, sondern nein, du bist noch mindestens eine ganze Woche fertig, und die Augenringe gleichen sieben Tage lang den blau umrandeten Porzellantellern meiner Großmutter. Rotkäppchen würde mich nicht fragen: »Warum hast du so große Ohren, Großmutter?«, sondern: »Warum hast du so riesige blaue Augen?«

Neuerdings fühle ich mich jedoch fast magnetisch von einer Kneipe angezogen, und ich trotze meinem Ü-40-Impuls, die Abende einfach auf dem Sofa zu verbringen, ohne größere Überlegungen. Eigentlich bin ich müde und will nur noch kurz auf der Couch lümmeln, um dann gleich ins Bett zu gehen – aber irgendetwas treibt mich ins Badezimmer, lässt mich Make-up auftragen, irgendetwas treibt mich ins Schlafzimmer, um die Jogginghose abzulegen und schöne Klamotten anzuziehen. Irgendetwas treibt mich aus dem Wohnzimmer und der Küche und lässt mich alle Pflichten vergessen, die in Form von ungewaschener Wäsche, ungeputzten Böden oder versiffter Spüle auf mich warten. Irgendetwas lässt mich die Freundinnen anrufen und mich mit ihnen in dieser Kneipe verabreden. Fast so spontan wie früher – also jedenfalls von meiner Seite aus, denn die meisten meiner Freundinnen stehen mit irgendetwas so in der Pflicht, so, wie ich normalerweise auch, dass sie sich nicht mehr ohne längeren Vorlauf verabreden können.

Was ist nur mit mir los? Muss ich einen »zweiten Frühling« erleben, indem ich plötzlich jeden Abend in die »Wunderbar« verschwinde? Aber über was denke ich da eigentlich nach? Ist es nicht schön, einfach mal wieder loszuziehen? Muss frau wirklich alles reflektieren?

Kaum komme ich zu diesem Schluss, verstehe ich plötzlich, was so fantastisch an der »Wunderbar« ist. Betrete ich den Raum, riecht es nach Zimt, denn tagsüber werden dort selbst gemachte Kuchen verkauft. Der Duft des Gewürzes hat sich im Raum festgesetzt. Und er erinnert mich an meine Kindheit: Meine Mutter hat vor Weihnachten immer Zimtsterne gebacken. Ihr Duft ist seitdem untrennbar mit der Vorfreude auf die Geschenke verschmolzen. Und nicht nur das: Der Geruch erzeugt heute noch eine unglaubliche Geborgenheit in der Welt bei mir.

Dies ist nicht verwunderlich, denn unsere wichtigsten Sinnesorgane für das Überleben mögen das Auge, das Ohr oder die Nase sein, um Gefahren zu erkennen. Sobald wir sie ausgemacht haben, können wir ihnen auch geschickt ausweichen. Die Nase aber »weiß« intuitiv noch mehr: Riecht sie »Scheiße«, werden wir eine Nahrung natürlich nicht essen, und wir ekeln uns. Von Düften fühlen wir uns hingegen magisch angezogen, ohne uns dessen so recht bewusst zu sein.

Bei literarischen Schilderungen gibt es keine bessere Methode, als den Leser oder die Leserin mit Gerüchen zu fesseln, weil diese ein »Wiedererleben« jenseits der Verstandesebene ermöglichen. Ich kann schreiben: »Also ging ich mit dem jungen Mann in den Garten. Die Vögel zwitscherten, die Sonne ging unter.« Lesen Sie diesen Satz bitte noch einmal, ehe Sie den folgenden lesen: »Also ging ich mit dem jungen Mann in den Garten. Die Vögel zwitscherten, die Sonne ging unter. Im Garten duftete es nach Jasmin. Der Wind trug aus der Küche den Geruch eines frisch gebackenen Gugelhupfs.«

Merken Sie den Unterschied? Die zweite Beschreibung wird Sie viel mehr in eine Welt ziehen als die erste. All Ihre Sinne sind angesprochen, und vor allem die Erinnerung an Gerüche wird Sie in eigene Erinnerungen eintauchen und diese mit der beschriebenen Szene verknüpfen lassen. Das Olfaktorische versetzt uns in einen umfassenderen Zustand jenseits des nur Visuellen oder Auditiven. Eine neue Welt der Vorstellungskraft breitet sich plötzlich ganz plastisch vor Ihnen aus. Bekanntestes Beispiel für die literarische Nutzung des Geruchssinnes ist wohl Patrick Süskinds Roman *Das Parfum*.

Noch entscheidender als literarische Reisen oder Kneipenbesuche sind unsere »Riecher« für Menschen. Jeder ist schon mal einem Menschen begegnet, den er absolut nicht riechen konnte, im wahrsten Sinne des Wortes. Dieser Mensch kann schön oder hässlich sein, eine fürchterliche

Stimme haben oder die wunderbarsten Worte sagen – wenn wir ihn nicht riechen können, wird sich kaum eine Freundschaft anbahnen.

Eigentlich sollten wir also auf unsere Nase »hören«. Aber das stimmt nun so nicht ganz, wenn man sich die biologischen Prozesse etwas näher ansieht. Denn wenn es wirklich um das Eingemachte geht, also die Partnerwahl, geht es auch nicht mehr um das Riechen mit der Nase, sondern um das Riechen mit dem Hirn.

Der Wissenschaftsjournalist Roland Mischke erklärt das so: »Das vomeronasale Organ, ein feines Rezeptorsystem für Körpersubstanzen, hält Sie auf Distanz oder lässt Sie sich von einem Mann angezogen fühlen. Können wir uns also gut riechen, stimmt die Chemie, und wir passen gut zusammen. So einfach, so wahr.« (»Die richtige Körperchemie – Riech mich, nimm mich!«, *Die Welt,* 23.06.2011)

Interessant dabei: Männer können das auch mal schnell ignorieren. Aber weder Frauen noch homosexuelle Männer vermögen sich darüber hinwegzusetzen. Sie schlafen nur mit Partnern, wenn die gerochene Chemie stimmt.

Mischke erklärt außerdem: »Der Mensch hat 350 Riechrezeptoren. Zum Vergleich: Das Sehen kommt hingegen mit drei Rezeptoren aus.« Und eben das Interessante dabei: Das vomeronasale Organ sitzt im Gehirn, nicht in der Nase, Gerüche sickern direkt in den Kern der Gefühlszentrale. Es geht nicht darum, buchstäblich gemeinte »Scheiße« zu verhindern, sondern es geht schlichtweg um Sex, um Paarung, um das Positive im Leben jenseits des Überlebens.

Die Riechforschung ist ein relativ neuer Zweig der Wissenschaft, der immer mehr Bedeutung gewinnt. Demnach gibt es zwar kein »Bauchgefühl«, aber den richtigen Riecher für einen Menschen und eine Sache – und der ist wiederum im Gehirn »verwurzelt«.

In meinem Fall ist das wiederum ganz einfach: Ich gehe liebend gerne in die »Wunderbar«, weil ich mich dort geborgen wie in der Kindheit fühle und ähm … ja… ich gebe es nur ungern zu … weil ich dort auch mit einem Mann flirte, der wunderbar riecht. Ein bisschen nach Zimt.

Elegante Trennungsmöglichkeit

Haben Sie vor, Ihren Partner zu verlassen, möchten aber keinen Beziehungs- oder Scheidungskrieg anzetteln, gibt es eine elegante Trennungsmöglichkeit, bei der Sie weder drohen noch schreien noch emotionale Druckmittel wie Heulen einsetzen müssen. Die ganze Chose wird sich komplett und ganz einfach nach Ihren Wünschen lösen, wenn Sie Ihren Partner psychisch zermürben, er aber nicht versteht, was nun Sache ist. Denn mit Gina Lollobrigida gesagt: »Es ist leichter, einen Mann zu finden, als ihn wieder loszuwerden.«

Wenn Sie aber die folgenden Sätze anwenden, werden Sie ihn schneller los, als Sie zu hoffen wagten. Ihr Partner wird irgendwann regelrecht die Flucht ergreifen – und Sie können leise triumphierend in sich hineinlächeln. Denn selbstverständlich müssen Sie als kluge Frau nicht mehr stets recht behalten wollen, sondern achten nur darauf, wie Sie selbst möglichst unbeschadet aus einer Sache (und sei es eine Beziehung) herauskommen.

Wiederholen Sie so oft wie möglich folgende Worte:

- »Immer vergisst du …«
- »Warum musst du immer so sein?«
- »Kannst du nicht *einmal* …?«
- »Meine beste Freundin und ihr Mann haben jetzt auch …«
- »Wir sollten jetzt echt mal länger über uns reden.«

- »Wenn du nur ein bisschen mehr wie mein Ex wärst.«
- »Früher bist du noch charmant gewesen.«
- »Musst du jetzt schon wieder so sein?«
- »Meine Freundinnen, von Tine angefangen bis hin zu Michaela, finden das von dir auch unmöglich.«
- »Wann änderst du dich endlich mal?«

Die innere Mutter Teresa

Um das mal gleich vorweg zu sagen: Ich halte Aufopferung nicht für eine Tugend an sich. Aber die Mutter Teresa, die eigentlich Agnes Gonxha Bojaxhiu heißt, finde ich doch faszinierend. Was für eine Biografie, was für ein Lebensweg! In Albanien geboren, entschied sie sich im Alter von zwölf für ein Leben als Ordensfrau. Und nach einigen Stationen konzentrierte sie sich auf ihr Vorhaben, sich um die Ärmsten der Armen zu kümmern, ging nach Indien, lernte Bengali und wurde sozusagen das Gegenteil eines Hypochonders: Keine Lepra konnte sie von ihrem Vorhaben abschrecken, für andere in extremen Leidens- und Krisensituationen da zu sein.

Über die Frau kann man denken, was man will, aber eins steht fest: Die zog ihr Ding durch! Nach eigenem Bekunden übrigens auch deshalb, weil sie den festen Willen hatte, heilig werden wollen, und sich deswegen an das hielt, was dazu führt: Askese, soziales Engagement und religiöse Rituale.

Die kleine Frau erhielt den Friedensnobelpreis, in Albanien ist der Tag ihrer Seligsprechung ein Feiertag, und die Unterstellung, sie hätte Geld von zweifelhaften Quellen angenommen, mag womöglich sogar stimmen – aber was kratzt es an der Person? Denn für sich persönlich hat Mutter Teresa das bestimmt nicht verwendet – Korruption passt zu uns Weltlichen, aber nicht zu ihr. Zwischen politischen Fronten halte ich es für absurd, dass Mutter Teresa geschmiert worden sei, um antikommunistische Bewegungen zu unterstützen. Die Frau hat einfach nur ganz konsequent ihren Weg verfolgt.

Das macht sie für mich suspekt und bewundernswert zugleich. Einerseits war sie so ein individueller Frauenkopf, wie ihn die Weltgeschichte selten gesehen hat, andererseits hat sie ihren Verstand und ihr Riesenherz aber in den Dienst einer Institution gestellt, mit der manche so ihre Probleme haben. Mutter Teresa wurde zu einer Metapher für eine Lebenshaltung. Jugendliche würden sie heute als »voll das Opfer« bezeichnen.

Bei mir stelle ich nun fest, dass mir meine innere Mutter Teresa vor ein paar Jahren abhandengekommen ist. In einem Buch las ich, dass das Beziehungs- und Fürsorgehormon Oxytocin bei Frauen in der Lebensmitte abnimmt – sie haben schlicht weniger Lust, sich um andere zu kümmern. Wie auch immer: Ideologie und Aufopferungsbereitschaft sind immer weiter von mir weggerückt. Ich könnte mir heute auch nicht mehr vorstellen, einen Heldentod für eine linke Ideologie zu sterben. Und das nicht, weil ich mich bisweilen immer noch gerne in meinen Fantasien als Retterin der Welt sehe. Vor dem Einschlafen denke ich mir bisweilen Szenen aus, die selbst ein James Bond niemals bestehen würde: In diesen Vorstellungen ahne ich durch meine Intuition, dass eine von extraterrestrischen Wesen losgeschickte Feuerkugel auf unseren Planeten zurast und nur ich, also ausschließlich ich, dazu in der Lage bin, den Untergang der Menschheit zu stoppen. Manchmal geht das nur über ein Lied, eine Zauberformel oder meine plötzlich überirdischen Kräfte – aber immer nur durch *mich* –, um die Außerirdischen von ihrem miesen Vorhaben abzuhalten. Dabei wachse ich über mich hinaus und werde noch zehnmal besser als der russische, amerikanische und israelische Geheimdienst zusammen und auch als alle anderen Helden der Kinoleinwand. Ich und nur ich kann unseren Planeten retten!

Ja, vor dem Einschlafen regrediere ich bisweilen auf den Stand eines zwölfjährigen Mädchens – also in das Alter, in dem Weltrettungsfantasien völlig normal sind und in dem Mutter Teresa beschloss, alles selbst in die Hand zu nehmen und nicht mehr nur von einer Weltveränderung zu träumen, sondern etwas zu tun.

War sie nun mutig, und ich bin bloß feige? Das dachte ich eigentlich immerzu. Erst ab vierzig veränderte sich etwas. Leichte Zweifel an meinem offenkundigen »Versagen« keimten auf. Hat sie vielleicht einfach einen anderen Lebensweg gewählt als ich? Ich sorge mich zwar nicht um die Ärmsten der Armen, sondern um die Familie, um die eigenen Kinder? Das ist zwar wenig besonders und extrem unspektakulär, aber dank so profaner Familienmütter wie mir lebt die Menschheit immerhin weiter. Braucht es nicht eine Menge von »Normalen« wie mir, die ganz einfach ihre Kinder aufziehen und zugleich ein Leben von so ungewöhnlichen Leuten wie Mutter Teresa erst zur Geltung und zum Leuchten bringen, weil es sich von unserem abhebt? Unterliegen wir alle nicht dem kollektiven Wahn, etwas Besonderes sein zu wollen, und verweigern uns deshalb dem Eingeständnis: »Normalos sind super«?

Na ja, ich weiß es nicht. Ich stelle nur Fragen. Also eigentlich stelle ich mich ständig infrage. Mich und meinen Lebensweg und den Punkt, an dem ich gerade stehe. Einen Friedensnobelpreis werde ich bestimmt nie bekommen. Aber sind mir das Lächeln meiner Kinder, eine glückliche Ehe und ein wunderbarer Freundeskreis nicht sehr viel mehr wert?

Wo früher öfter mal einige Zweifel nagten, ob ich Chancen verpasst hätte, Gelegenheiten feige ausgewichen sei oder einfach nicht hart genug für bestimmte Ziele gekämpft hatte, denke ich mir heute – von einigen Fehlern abgesehen: Nee, haste schon richtig gemacht. Und sogar zu den Fehlern kann ich zunehmend stehen: Zu welchem Leben gehören sie denn nicht dazu?

Manchmal kommt es mir so vor, als würde sich bei mir immer mehr Zufriedenheit einschleichen, weil ich mit mir und meinem Lebensweg zunehmend einverstanden bin und mich nicht mehr mit anderen »Größen« messe – na ja, abgesehen von den kindlichen Einschlaffantasien natürlich!

Perfect Fake

I'm not perfect but at least not just a fake« – als ich dieses Zitat gelesen habe, dachte ich nur noch: »Jaaaa!« Genau so muss frau das sehen: Ich bin nicht perfekt, aber wenigstens kein Fake.

Bei Fake denke ich zuerst an Hollywoodstars, die Silikon, Botox, Collagen und Filler in ihrem Körper tragen. Sie haben sich die Wangen aufpolstern, die Lippen aufspritzen, die Brüste vergrößern, die Nase verkleinern oder die Lider straffen lassen. Um nur vier Beispiele zu nennen: Meg Ryan, Kim Basinger, Demi Moore und Madonna. Googeln Sie mal die Bilder der Damen. Natürlich sehen sie alle jünger aus. Aber die Gesichter wirken maskenhaft. Und denken Sie umgekehrt an eine Lady Gaga – sind wir nicht mittlerweile dankbar für ihre etwas zu große Nase? Mögen wir sie nicht gerade deshalb lieber als andere Stars, weil sie sich nicht einer OP unterzogen hat? Ich persönlich finde sie sogar deshalb hübscher – eben weil sie nicht nach einem Fake aussieht.

Perfektionismus mit Fakegefahr findet sich jedoch nicht nur am eigenen Körper. Manche Frauen schmeißen vorbildlich Haushalt, Job und Kinder – so perfekt, dass sie nicht mehr an sich selbst denken und nur noch eine Hülle ihrer selbst sind. Andere gehen in der Arbeit auf, erledigen alles perfekt und vergessen darüber, ihr eigenes Leben zu leben. Das führt nicht selten dazu, dass sie zu einer Fassade versteinern und zu einem leblosen Fake ihres wahren Ichs werden.

»I'm not perfect but at least not just a fake« heißt aber darüber hinaus für mich noch mehr: Ich bin halt so, wie ich bin. Und das ist gut so. Schau dir nicht die strahlenden Ausnahmen an, sondern die »normalen Leute« – ich bin nicht perfekt, aber echt. Doch was heißt nun wiederum »echt«? Authentisch sein? Zu den Falten zu stehen? Hadern wir nicht alle bisweilen mit unserem mangelnden Selbstbewusstsein und träumen heimlich davon, uns unauffällig aufhübschen zu lassen? Ich meine, oben habe ich vielleicht zu vorschnell behauptet, ich wäre dafür nicht anfällig. Was aber, wenn ich zum Beispiel mehr Geld hätte und Botox, Filler & Co. in finanzielle Reichweite rücken würden?

Nach außen behaupten wir gerne: »Ich habe es nicht nötig, mir Botox spritzen zu lassen, ich bin selbstbewusst genug!« Aber im Innersten tauchen geheime Zweifel auf, wenn eine alte Schuldfreundin ein scheinbar perfektes Bild abgibt: Sie sieht zwanzig Jahre jünger aus, hat vier Kinder aufgezogen, zugleich noch Karriere als Ärztin gemacht und wirkt zufrieden wie ein Honigkuchenpferd. Wohingegen ich schon froh bin, meine zwei Kinder mehr oder weniger erfolgreich auf ihre Bahn gestupst zu haben, immer noch Aufträge zu behalten und nicht für achtzig gehalten zu werden.

Wie bei den jungen Mädchen steigt auch bei uns Älteren der »Konkurrenzdruck« (wie ich dieses Wort hasse!). Seit 2008 hat die Zahl der Botoxbehandlungen um fünfzig Prozent zugenommen. Natürlich schaue ich dann neben einer »Botoxfrau« älter aus. Ich bin zwar bis heute zu blöd, im Alltag zu erkennen, wer diese Substanz nun im Gesicht hat oder nicht. Aber ich stelle doch fest, dass Gleichaltrige oft so deutlich jünger aussehen und dass da etwas nicht mit rechten Dingen zugehen kann.

Aber was geht mich das eigentlich an? Sollen andere nicht einfach machen, was sie wollen, und ich ziehe mich einfach aus dem System raus? Wer bin ich denn, mich von einer »Jugendwahn-Gesellschaft« so unter Druck setzen zu lassen? Bin ich nicht älter geworden, um selbstbewusst nicht mehr alles mitmachen zu müssen?

Wenn es so einfach wäre! Selbstverständlich lasse ich mich in diese Perfektionsnummer nicht reinziehen. Und selbstverständlich schiele ich doch heimlich, still und leise auf die Nachbarin, deren Stirnfalten vorgestern urplötzlich »verschwunden« sind – so schnell, dass sogar *ich* das bemerkt habe.

»I'm not perfect but at least not just a fake« holt mich runter vom Perfektionismus, den ich bisweilen an den Tag legen will. Wenn die Wohnung mal wieder nicht geputzt wird, wenn ich mich weigere, am Wochenende zu arbeiten, wenn ich auch mal garstig zu meinem Mann bin oder den Kindern mal wieder eine WhatsApp-Nachricht schreibe, obwohl ich weiß, dass es sie nervt.

»I'm not perfect but at least not just a fake« heißt ganz einfach: »Ich darf so sein, wie ich bin, und das ist gut so!« Ha, und eben fiel mir ein, was das noch heißt: »Wenn ich nicht ganz lässig zu meinen Falten und meinem Alter stehe, darf ich auch unperfekt sein – und mir doch mal Botox spritzen lassen!« Hihi, diese Logik verstehen vermutlich nur Frauen über vierzig.

Was wir alles so abzutragen haben

Seit ich erwachsen bin, hatte ich mich an so einigem abzuarbeiten. Die erste große Liebe, die mich verlassen hat. Der Tiefschlag in die Magengrube, als mir der Chef erklärte, ich sei nicht gut genug für die Stelle und deshalb würde *Herr XY* nun meinen Job fortführen. Der Tod meiner besten, gleichaltrigen Freundin mit 22 Jahren. Und dabei habe ich noch leicht reden – ich habe keine schweren Kindheitstraumata aufarbeiten müssen, mein Schicksal ging den ganz normalen Weg einer europäischen Frau, die eben etwas abzutragen hat, weil das Leben an sich nicht immer ein Zuckerschlecken ist.

Ab vierzig haben wir diese Enttäuschungen meist verarbeitet und starten noch mal mit neuer Lebensfreude durch. Denn schön ist ja, dass wir nun wissen: Okay, das Leben ist kein Wunschkonzert – und schon alleine aus diesem Wissen heraus konnten wir die Erwartungshaltung korrigieren. Unser Lebensweg geht zwar meist bergauf, aber wir stehen nur selten auf dem Gipfel und liegen bisweilen auch im Tal. Im Unterschied zu den jungen Mädchen wissen wir nun aber, dass die Lage am Tiefpunkt vorübergehender Natur ist – danach geht es eben wieder bergauf. Wir haben meist auch alle Bereiche unseres Lebens – Liebe, Job, Freundschaften, Gesundheit, Kinder, Finanzen – schon einmal »durchgespielt«. Wir haben meist jeden Tiefschlag in die Magengrube schon einmal erlebt, um zu wissen, dass wir ihn auch überleben werden. Auch wenn Verletzungen natürlich immer noch wehtun – wir haben eine gewisse Zuversicht entwickelt, dass die Zeit Wunden heilen wird.

Wir wissen jetzt meist einfach viel besser, wo es langgeht, auch in nicht so wichtigen Bereichen des Lebens wie der Mode – wobei das noch diskussionswürdig wäre, wie existenziell unabdingbar Schönheit und Mode für Frauen in unserem Alter ist – aber das ist ein anderes Kapitel … abgesehen von einem Punkt: Alle Frauen meiner Generation, die ich kenne, haben nach gefühlten 749 Umwegen nun auch die Handtaschen ihres Lebens gefunden. Einige schwören auf Marken, andere auf Farben, wieder andere tragen nur Rucksäcke, und dann gibt es noch so Frauen wie meine Freundin Kikki, die kurz nach dem 45. Geburtstag endlich verstanden hat, dass für sie die Größe (der Handtasche!) und die Menge der Außenfächer entscheidend ist.

Kikki, die Psychologin, ist eine Intellektuelle, die sich nur selten auf Niederungen des Alltags wie Handtaschen einlässt. Normalerweise interessiert sie Kant, das Gendergap und der neue Mix aus links und rechts in der politischen Landschaft. Berichte ich Kikki von der Entdeckung eines Lippenstifts mit einer sensationellen neuen Zusammensetzung, geht sie zwar höflich darauf ein, aber ist zwei Minuten später schon wieder bei Themen wie »Warum machen sich eigentlich Frauen schön und Männer nicht?« gelandet. Kikki spricht dann über die konkurrierenden gesellschaftlichen Strömungen der biologistischen und sozialpsychologischen Ansätze.

Um es mal vereinfacht auf ein Beispiel herunterzubrechen (einer von Kikkis Lieblingsbegriffen): Wenn ich Kikki erzähle, dass gerade eine russische Delegation im Büro war und die Frauen aus Moskau alle so schön waren, dass ich mich in Grund und Boden für mein Aussehen geschämt habe – dann bemerkt sie lapidar: »Klar, der Kommunismus!« Hä? Kommunismus? Diese Zeiten sind doch längst vorbei! Was hat das mit meiner Beobachtung zu tun, dass die Russinnen so schön sind?

Kikki erklärt dann, dass es Untersuchungen gibt, dass Frauen aus dem ehemaligen Ostblock viel häufiger Schönheitssalons besuchen, also viel mehr Geld für das Äußere ausgeben. Sei mir noch nie aufgefallen, dass die Osteuropäerinnen die neuen Italienerinnen seien? Dazu gäbe es eine ganz einfache politische Erklärung: Ein Staatsgebilde, das vorher Konsum abgelehnt hat und die arbeitende, also nicht fein herausgeputzte Frau mit Bildern propagierte, evoziere nach dem Ende dieser Ära geradezu eine gegenteilige Haltung. Und nicht zu vergessen: Die Einkommensschere sei in Russland extrem hoch – reiche Russinnen verfügten über ausreichend Kleingeld, um jede Woche einen der vielen Schönheitssalons in Moskau besuchen zu können.

Aha. So ist Kikki. Immer interessant, was sie so zu erzählen hat, aber (für mich zumindest) nicht immer einfach zu verstehen.

Brauche ich nur einen kurzen Rat zu einer banalen Frage wie der Wahl einer neuen Augenbrauenform, rufe ich sie deshalb auch erst gar nicht mehr an. Hab ich jedoch ein wenig mehr Zeit, macht es Spaß, von ihr die Hintergründe zu allen möglichen Themen geschildert zu bekommen.

So ist also Kikki – wenn es nicht gerade um eins geht: ihre Handtasche. Dazu hat sie weder Studien noch Erklärungen noch sonst etwas parat. Ihre Handtasche ist sozusagen ein Reizthema. Warum das so ist? Ich habe das ewig nicht verstanden und konnte es in keinen »größeren Kontext« (O-Ton Kikki) einordnen. Immer wieder berichtete

sie davon, welche neuen Handtaschen sie sich nun ausge-
guckt hätte, welche praktischen Vorteile diese oder jene
hätte. Und endlich (nach gefühlten 134 Jahren) ließ sich
Kikki ein Lederding von einer italienischen Modefirma
schicken, zu einem Preis, der mir den Atem stocken ließ,
denn von der Summe bezahlen wir die Lebensmittel für
drei Monate!

In die neueste Variante ihrer »Shopping Bag« ließ sich
Kikki sogar innen noch von einem Schuster ein paar klei-
nere Fächer einnähen. Das berichtete sie ausführlich am
Telefon. Und schließlich war sogar ich gespannt, Kikki
beim nächsten Treffen mit diesem Teil zu sehen.

Da kommt Kikki wie verabredet zum Italiener – und
was trägt sie? Eine Minitasche. Heißen die Clutches?
Nachdem ich nun eben gerade von Kikki gelernt hatte, was
eine »Shopping Bag« von einer Schultertasche unterscheidet.

»Kikki, hast du mir nicht seit drei Monaten damit in den
Ohren gelegen, wie genau du deine neue Handtasche aus-
wählst, wer die besten Hersteller sind, was du noch verbes-
sern lässt und wie wichtig dieses Teil ist! Und nun hast du
ganz was anderes dabei!«

Kikki nickt, schweigt und bestellt erst einmal einen Aperitif (»Den brauch ich jetzt«). Beim zweiten Glas erklärt sie
schließlich, dass das Problem an sich natürlich nicht ihre
Handtasche sei, sondern ihre Ehe.

Hä? Kikki!

Ich muss noch bis zum Espresso warten, ehe ich erfahre:
Ihr Mann würde ständig und immer alles und jenes in ihrer
Handtasche ablegen, und sie hätte all das mit sich rumzu-
schleppen! Der Gatte (mit extrem despektierlichem Tonfall ausgesprochen) legte mittlerweile bei gemeinsamen

Unternehmungen nicht mehr nur seinen Geldbeutel, seine Schlüssel und die Brieftasche in ihre Tasche, sondern auch botanische Bestimmungsbücher, Fahrradklemmen sowie sogar Werkzeug. Neulich wären sie an einem Fluss mit der nigelnagelneuen Shopping Bag unterwegs gewesen – und was machte ihr Mann? Sammelte schwere Steine für den Garten und legte sie einfach so mir nichts, dir nichts in ihre Handtasche (feinstes Leder, Design, Italien!), denn sie hätte ja praktischerweise etwas zum Tragen dabei, er aber nicht. Und so wanderten sie, Kikki mit schwerstem Gepäck, den Fluss entlang, bis ihr der Kragen platzte und sie ihn bat, ihr die schwere Tasche abzunehmen. Sagt er doch: »Sag mal, bist du nicht emanzipiert? Soll ich jetzt eine Damentasche herumtragen?«

Kikki hielt ihm daraufhin einen Vortrag über die Geschichte der weiblichen Stärke von Arbeiterinnen im Gegensatz zu bürgerlichen Hausfrauen und verwies auf Philosophen wie Wittgenstein und den berühmten Satz: »Wovon man nicht sprechen kann, darüber muss man schweigen.« Als sie an der Flussmündung angekommen waren, nahm ihr Mann ihr die Tasche dann doch aus der Hand und trug sie wortlos zum Auto zurück. Dabei rissen die Griffe aus feinstem italienischem Leder ab, was ihren Mann aber nicht weiter zu stören schien, denn er packte die Tasche einfach von unten und knallte sie anschließend wie einen Bierkasten ins Auto.

Kikki wäre nicht Kikki, würde sie nicht beim dritten Aperitif (!) nach dem Essen das »Strukturproblem« dahinter suchen. »Verstehst du, das Problem sind weder er noch ich noch die Handtasche«, sagt sie. »Das Problem sind die verschiedenen Welten, in denen Männer und Frauen leben. Das sind Universen oder Kosmen, nicht nur Planeten!«

Ich nicke. »Na klar. Aber das ist doch eine Binsenweisheit.«

»Eine Binse kann auch wahr sein!«, entgegnet Kikki. »Interessant ist doch, was dahintersteckt und warum das so ist!«

Ich nicke wieder, nicht verstehend, was sie eigentlich meint.

Kikki spricht weiter: »Na, *er* sieht Handtaschen als Transportdinger und wir als Accessoires zur Schönheit. Bei ihm kommt zuerst das Praktische, bei uns zuerst die Schönheit. Im Job, in der Küche und bei der Kindererziehung wissen wir das – bei Handtaschen muss uns Alice Schwarzer aber noch sensibilisieren!«, scherzt Kikki und lacht so laut, dass der Italiener erschrickt, weil man fast glauben könnte, sie habe einen hysterischen Anfall.

»Aber weißt du was? Mir ist das jetzt scheißegal! Sollen doch andere denken und sich was überlegen. Oder mit ihren Männern streiten. Ich bin jetzt über fünfundvierzig und löse das wie andere Probleme auch einfach pragmatisch: Ich verwende ab sofort nur noch Clutches, in die weder Männergeldbeutel noch Steine passen.«

Neue Wege

Beim nächsten Kreisverkehr wenden«, surrt die Männerstimme im Auto.

»Nein! Ich wende nicht, ich fahre raus, weil ich tanken muss und einen Kaffee trinken will. Gleich neben der Tanke gibt es den besten italienischen Espresso ever.«

Wie bescheuert bin ich eigentlich, einem Navi zu antworten?

Der Mann im Navi erwidert natürlich nichts darauf.

Er meldet sich erst wieder, nachdem ich im Kreisverkehr nicht gewendet habe und an der Tanke zum Stehen komme: »Weiter auf der Route.« Was soll das denn jetzt heißen? Welche Route? Ha, der kennt sich jetzt nicht mehr aus! Und natürlich spricht er nicht mehr, nachdem ich das Smartphone ausgestöpselt habe, ausgestiegen bin und den Zapfhahn in den Tank halte.

Dieser Typ auf der Navi-App meines iPhones könnte auch eine Frau sein. Es liegt ja nur an den Einstellungen, ich hätte auch eine weibliche Stimme wählen können. Mit voller Absicht habe ich mich nach der Geschichte mit der Fee (siehe *Frauen und Technik*) für die männliche Navi-Stimme des iPhones entschieden. Denn nachdem ich das Smartphone, das mir den dritten Wunsch versaut hatte, erst einmal sehr lange mit Verachtung gestraft hatte, bat ich doch meinen Sohn Lukas, mir beim Einrichten des Navis zu helfen.

Vorausgegangen waren unendliche Debatten und Diskussionen mit meinem Mann über Überwachung, Kosten von Flatrates und unnützen Neuerungen, wo es doch »sonst auch immer ohne ging«.

Bis vor Kurzem hätte ich meinem Mann recht gegeben: Wozu brauche ich so ein Navi, wenn ich doch noch in der Lage bin, Stadtpläne und Landkarten zu lesen? Was steht dem Staat dann nicht alles an Überwachungsmöglichkeiten offen, wenn er über GPS jederzeit mitverfolgen kann, wo wir alle uns gerade befinden? Und warum soll ich mit einem Smartphone fotografieren, wenn es dafür doch eine gute Kamera gibt? Ist das nicht alles reine Geschäftemacherei, diese ganzen technischen Neuerungen, die jede und jeder haben *muss*, so wie eine Markenjeans?

Nun aber wollte ich es zwar wissen und ein Navi verwenden können, aber innerlich misstraute ich dem Gerät doch noch und legte mich deshalb mit ihm an.

Während sich der Tank meines Fiat 500 füllt und ich nur teilnahmslos die Zapfpistole halte, weil dieses Auto im Gegensatz zum Vorgängermodell über eine automatische Füllanzeige verfügt, bemerke ich plötzlich, wie so ein Münchner Schickimicki-Typ mit Sonnenbrille den Tankdeckel seines Cabrios schließt, mich angrinst und meint: »Ihr Tank dürfte wohl voll sein, schon lange, denn da bewegt sich nichts mehr an der Anzeige.«

Wie? Was meint der? Tatsächlich scheint längst alles voll zu sein, und ich Trottel stehe da immer noch, die Zapfpistole in den Tank haltend, weil ich mich frage, ob es so klug war, gleich bei der ersten Fahrt das Navi so durcheinander und infolgedessen zum Abschalten zu bringen, weil ich von seiner Wegbeschreibung abgewichen bin.

Etwas betreten grinse ich den Cabrio-Typen an, als ich den Kassenraum der Tankstelle betrete, er nach der Bezahlung gerade wieder zu seinem Wagen geht und bemerkt: »Lustiges Auto, echt gut!«

Will der mich verarschen? Was meint der? Ich drehe mich um. Ah, jetzt erkenne ich das Markenzeichen – der Kerl fährt einen Porsche. Klar ist für so jemanden ein Fiat 500 »lustig«. So ein Typ hat auch bestimmt ein iPhone und kapiert gar nicht, wie er sich vom überhitzten technischen Hamsterrad auffressen lässt, denke ich an der Kasse der Tanke, bis mir wieder einfällt, dass ich ja nun auch ein iPhone besitze und damit also so eine Art Münchner-Schickimicki-Porsche-light-Version verkörpere.

War vielleicht ein Fehler, plötzlich auf so jung und innovativ zu machen, auf meinen Sohn gehört und deshalb spontan diesen Wunsch geäußert zu haben. Warum glaube ich jetzt eigentlich plötzlich, auch »mitmachen« zu müssen? Will ich mir noch einmal beweisen, noch jung und aufgeschlossen zu sein?

Gedankenverloren stecke ich das iPhone in den USB-Port, wie mir das mein Sohn gezeigt hat, und starte den Wagen.

»Weiter auf der Route«, erklärt die milde Männerstimme.

»Ja, was denn sonst?«, entgegne ich.

Das Handy-Navi schweigt dezent. Wenn ihm nichts anderes einfällt, sagt er wohl einfach: »Weiter auf der Route.« Der ist ja wie mein Mann, der am Stadtrand von Rom bemerkte: »Dann fahr halt einfach zum Hotel.«

Im Kreisverkehr meldet sich mein neuer Begleiter aber wieder. »Nehmen Sie die zweite Ausfahrt, das ist die schnellste Route zum Ziel.«

Idiot! Weiß ich natürlich, dass ich auf die A9 München–Nürnberg nur über diese Ausfahrt beim Kreisverkehr zurückkehren kann. Würde ich die dritte Ausfahrt wählen, käme ich auf eine abgelegene Landstraße. Es ist schon gut, das Navi zuerst auf einer Strecke auszuprobieren, die man kennt. Aber Moment – das Gerät hat sich ja wieder eingeschaltet und ist gar nicht mehr »verwirrt«, weil ich von seiner Wegbeschreibung abgewichen bin! Merkt es sich also, wenn man mal kurz tanken fährt und dann wieder zurückkehrt?

Bald nach der Einfahrt ist ein Stau auf der Autobahn. Habe ich es doch geahnt! Hier ist so oft Stau. Warum habe ich auch so einem Navi im Smartphone vertraut und nicht Bayern 3 eingeschaltet?

Den Stau, den der BR prompt ansagt, verharmlost das Navi mit ein paar orangen Streckenmarkierungen. Ich kenne den Weg aus dem Effeff. Das Gerät hat keine Ahnung, wie lange sich der Stau in dieser Gegend immer hinzieht! Und was das Teil nun wirklich nicht kennt: Es gibt einen illegalen Schleichweg raus aus der Autobahn, von einer Raststätte aus. Den werde ich einschlagen. Ha, was machen wir uns mit so einer Technik doch bloß selbst vor! Der Mensch ist immer noch klüger.

Und raus bin ich, auf dem Schleichweg. Mein Sieg über die schöne, neue Welt. Keine Navi der Welt kennt illegale »Umleitungen«. Die ganze Welt ist überhaupt zu brav und zu legal. Es ist ein Kreuz mit den heutigen Untertanen, den Technik-Untertanen, die nicht mehr selbst denken.

Kurz darauf stehe ich mit meinem Fiat vor einer Absperrung auf dem Waldweg. Baumstämme liegen quer. Kann ja nicht sein. Ich steige aus dem Wagen – doch der Befund ist klar: Die Natur hat sich hier in Form von Bibern zu Wort gemeldet, die am Flüsschen nebenan wohnen und hier einfach die Bäume flachlegen. Diese kleinen Tiere haben es tatsächlich geschafft, so große Bäume zu fällen und damit Autofahrern wie mir den Weg zu versperren. Freut mich ungemein, dass es so etwas noch gibt.

Ich steige wieder in den Wagen und frage mich plötzlich, ob das nun Zufall war oder dieses Navi mit der sonoren Stimme auch hiervon wusste. Nö, kann ja nicht sein! Kein Navi auf der Welt kann vorhersagen, was Biber oder die Natur so treiben.

»Bitte wenden! Der Weg über die A9 ist immer noch die schnellste Route«, sagt die Stimme plötzlich wieder. Soll das bedeuten, dass das Gerät tatsächlich von den Bibern wusste? Fast scheint es so, denn etwas später berechnet es mir noch einmal eine Umleitung, weil auf der Strecke nach dem Verlassen der Autobahn gerade ein Fahrradweg gebaut wird und ich deshalb in eine kleine Seitenstraße in Richtung Zirndorf einbiegen und von dort aus einen anderen Weg nehmen soll.

Nö, tue ich nicht! Ich bin da rebellisch. Das muss wohl ein Irrtum sein.

Etwa dreißig Minuten stehe ich im Ampelstau auf einer Landstraße – die verantwortlichen Straßenarbeiter haben vergessen, eine richtige Schaltung einzurichten. Das erfahre ich, nachdem ich brav gewartet habe, irgendwann ausgestiegen und so aggressiv, wie es mir mit meinen 1,58 Metern möglich ist, auf einen durchtrainierten Straßenarbeiter zugegangen bin.

»Warum hast denn ned den Weg durch Zirndorf g'nommen?«, fragt mich der Arbeiter, »Da geht's viel schneller.«

Das Gerät wusste ganz offensichtlich auch das. Aber warum und woher?

Kurz vor dem Ziel, meinem Elternhaus, meint die sonore Stimme: »In hundert Metern rechts abbiegen.« Aber nein – ich wollte meiner Mutter ja noch Blumen besorgen, ich biege deshalb links ab, zur Gärtnerei. Das Navi schweigt kurz, sagt nichts mehr vom Wenden und schlägt dann einen neuen Weg vor, durch die kleine Gasse hinter der Gärtnerei, die ich auch genommen hätte. Unglaublich, was so ein Smartphone alles berechnen kann. Aber noch unglaublicher ist, dass die Stimme immer gleich freundlich bleibt. Das Gerät ist überhaupt nicht sauer, wenn ich nicht so fahre, wie es vorgeschlagen hat. Mache ich einen Fehler, korrigiert es ihn einfach – völlig ohne den vorwurfsvollen Ton meines Mannes oder ein: »Ich hab dir doch gleich gesagt, dass …«

Auf den letzten Metern zum Elternhaus warte ich ständig darauf, doch noch ausgeschimpft zu werden, weil wir ohne meine eigenwilligen Entscheidungen schon längst am Ziel wären – aber nichts, nada, niente. Ich rechne damit, zu hören, dass ich einfach keine Karten lesen könne oder viel zu oft nach dem Weg fragen würde – aber nein, nichts. Und zu meinem großen Erstaunen kommt noch nicht mal eine beleidigte Aussage wie: »Warum hast du nicht auf mich gehört?«

Ich sollte diese Stimme von meinem Sohn auf weiblich umstellen lassen, sonst werde ich immer das Gefühl haben, da stimmt etwas von Grund auf nicht, denke ich, während ich den Wagen verlasse, meine Mutter mich kurz darauf in Empfang nimmt und sagt: »Wie gut, dass du und die Frauen deiner Generation Auto fahren könnt und nicht auf Männer angewiesen seid. Mir hat dein Papa so lange reingeredet, bis ich ganz unsicher geworden bin und mich nicht mehr getraut habe zu fahren.«

Auf dem Rückweg leitet mich das Smartphone souverän durch unbekannte Münchner Straßen und erspart mir so den ewigen Stau am Mittleren Ring. Früher als geplant treffe ich daheim auf meinen Mann, der sogleich fragt: »Wieso bist du schon so früh da? Soll ich dir einen Espresso machen? Und, wie war es mit dem Navi?«

»Fantastisch! Eine Offenbarung!«, antworte ich spontan. »Das Gerät weiß alles, wirklich alles, und will doch nicht recht haben.«

»Wie meinst du das?«, fragt mein Mann mit skeptisch-forschendem Blick.

»Na ja … ich mein … es ist …«, stottere ich, bis mir endlich eine diplomatische Antwort einfällt: »Alles prima, so sachlich ruhig.«

Mein Mann kennt mich nach so vielen Ehejahren so gut, dass er auch das nicht so einfach hinnimmt. »Und wie meinst du das jetzt?«

»Na ja, das Navi ist zwar super, aber es ist halt nur ein Gerät und kann niemals einen lebendigen Menschen als Beifahrer ersetzen«, antworte ich ehrlich.

Mein Mann nickt beruhigt. »Sag ich doch«, meint er. »Die ganze Technik ist völlig überschätzt!«

Ich schweige so dezent wie das Navi, wenn sich jemand auf einem Irrweg befindet, und verrate nicht, was ich vor allem noch denke: Ein Leben mit einem solchen Gerät ist zwar einfach, aber auch einfach langweiliger ohne die ständigen Streitereien beim Beschreiten neuer Wege.

Das Spezialwerkzeug
ist der Hammer!

Ist Ihnen schon einmal aufgefallen, dass sich der Mann an Ihrer Seite manchmal von einer Sekunde auf die andere von einem Dr. Jekyll in einen Mr. Hyde verwandeln kann? Aus einem liebenden Familienvater und Ehemann wird ein grober Kerl, der schreit: »Weg da!« Aus einem gemütlichen Zeitgenossen wird ein hektischer Miesepeter, der zu einem heruntergebrochenen Stück Schrankboden ruft: »Auch das noch! Alles wird immer schlechter. Das muss sofort gemacht werden.« Und eine stets zu Scherzen aufgelegte Frohnatur erklärt mit todernster Miene: »Das ist ganz schwer zu lösen.«

Weil wir Frauen immer noch zu viel auf uns selbst beziehen, glauben wir ab 18 dann oft, der Kerl hätte sich mit einem Mal so gewandelt, weil vielleicht der Sex zu schlecht war oder es eine andere gibt. Frauen ab 28 Jahren meinen vielleicht, der Mann wolle sich doch nicht binden und eine Familie gründen und wolle uns jetzt mit dieser Methode in die Flucht schlagen. Erst Frauen ab 39 verstehen, dass die Verwandlungen in einen ganz anderen Menschen weder mit Sex, Familie oder einer ausgebrochenen Psychose zu tun haben – diese Transformationen treten immer dann auf, wenn es ums Handwerken geht.

Der Standardsatz von Männern zum Thema Heimwerken lautet: »Ich kann das ja eigentlich ganz gut, ich mach es nur nicht so gerne.« Im fortgeschrittenen Mannesalter auch mit der Variation: »Früher hätte ich das sofort und gerne gemacht, jetzt ist es halt eine lästige Pflicht.« Diese Sätze fallen aber wohlgemerkt nur bei entspannten Gesprächen mit Freunden, also niemals in akuten Situationen, wenn der Wasserhahn nicht dicht ist, der Trockner nicht mehr funktioniert oder ein Türschloss klemmt. Oder kennen Sie einen Mann, der von sich behauptet, er sei handwerklich eigentlich total ungeschickt?

Ich gebe zu – auch ich habe meinem Mann über ein Jahrzehnt geglaubt: »Ich kann das ja eigentlich ganz gut, also, ich bin äußerst geschickt, aber ich mach das nur nicht mehr so gerne.« Diese Behauptung hat mich sehr bald dazu gebracht, selbst nicht mehr zur Bohrmaschine zu greifen – oder gar einfach einen Fachmann anzurufen. »Einfach so einen Fachmann anzurufen« ist mittlerweile überhaupt ganz und gar undenkbar geworden. Denn das heißt ins Männliche übersetzt: »Hinter *seinem* Rücken!« Unbedarft, wie ich war, habe ich das vor zehn Jahren einmal (und seither nie wieder) gemacht. Die Spülmaschine war defekt, mein Mann mit Überstunden im Büro versunken, und ich dachte: Der wird sich freuen, wenn er sich um so einen Scheiß nicht auch noch kümmern muss. Eifrig telefonierte ich und fand schon für den nächsten Tag einen Fachmann, der kommen wollte, um die Maschine zu einem »fairen Preis« zu reparieren. Als ich das dann am späten Abend meinem Mann erzählte, hielt sich seine Freude – um das mal so zu sagen – in argen Grenzen. Also, hm, wenn ich ehrlich bin: Mit Freude hatte das gar nichts mehr zu tun, eher im Gegenteil – Alex tobte.

»Wie kannst du nur?«, rief er aufgebracht. »Schmeißt du auch sonst so das Geld zum Fenster raus? Hinter meinem Rücken, hinter meinem Rücken, hinter meinem Rücken!«, schrie er so laut und kopfschüttelnd, dass ich Angst hatte, die Kinder wachen auf. Ich war völlig von den Socken. Damals fragte ich mich ernsthaft, ob das Geständnis eines Seitensprungs nicht auf weitaus größeres Verständnis gestoßen wäre.

»Dem sagst du morgen ab! Das sehe ich mir erst mal an!«, befahl Alex damals dann schließlich, wenigstens im leiseren Tonfall. Ich war viel zu eingeschüchtert, um dem noch zu widersprechen, und hörte deshalb auch nicht auf mein gesundes inneres Misstrauen, das mich fragte: »Meinst du wirklich, der macht das morgen?«

Zwei Wochen lang spülte ich mit der Hand ab, denn Alex hatte ja gerade ein großes Projekt im Büro und arbeitete auch am Wochenende. Zwei Wochen, in denen ich mich fragte, wie viel Mühen mir ein Handwerker, der gleich am Tag nach dem Schaden gekommen wäre, gespart hätte. Zwei Wochen, in denen mein Mann täglich sagte: »Morgen schau ich mir das endlich an.« Zwei Wochen, in denen ich mir lieber auf die Zunge gebissen hätte, als noch einmal das Wort »günstiger Fachmann« in den Mund zu nehmen.

Endlich war der Tag X da. Mein Mann untersuchte mit der Haltung eines erfahrenen Meisters mir kleinem Hilfsarbeiter gegenüber (»Räum mal alles weg, ich mach mich jetzt an die Spülmaschine! Hol mal den dunkelblauen Werkzeugkasten aus dem Keller! Ruf mal bei Andi an und sag, es wird später, ich mach mich jetzt an die Spülmaschine!«) das defekte Gerät. Er schimpfte dabei auf die Wegwerfgesellschaft, die Teile nur noch so herstellt, dass sie schnell kaputtgehen. Er rief mich alle drei Minuten, damit ich ihm irgendwelche Schraubenzieher reichte oder mir einmal ansah, wie »verbaut« die Maschine sei. Und irgendwann begann er zu fluchen, und ich brachte die Kinder zu den Nachbarn in Sicherheit. Auf dem Rückweg ging ich extra noch einkaufen, um nicht so schnell wieder zu Hause zu sein. Doch mein Mann hatte das Problem immer noch nicht gelöst.

»Schatz, soll ich nicht doch einen …« Ich traute mich immer noch nicht, das Wort »Fachmann« in den Mund zu nehmen.

»Lass das mal mich entscheiden, misch dich nicht in alles ein!«, herrschte er mich an.

»Ich meine ja bloß, jetzt, wo du eh so wenig Zeit hast und zum Andi möchtest! Das würde uns doch viel sparen!«

»Sparen? Weißt du eigentlich, was so ein Kundendienst kostet?«, rief Alex wieder laut und grob.

Sie müssen wissen, dass wir uns zwar über viele Dinge gerne streiten, aber nie über Geld. Das passte nun so gar nicht zu meinem normalen Alex, ebenso wenig wie dieser Tonfall.

Stoisch schweigend führte ich weitere Befehle aus und blickte heimlich zur Uhr. Wann wäre dieser Spuk endlich vorbei? Denn ich konnte in dieser Zeit auch nicht arbeiten, etwas für die Kinder kochen oder gar mit meiner Freundin telefonieren – wenn *er* sich doch schon so um unseren Haushalt bemühte!

Vier Stunden nach dem ersten Fluchen gab mein Mann auf. »Da komm ich beim besten Willen nicht weiter! Das sind Spezialteile.«

Ich nickte verständnisvoll. »Soll ich also doch noch mal beim Fachmann anrufen?«

»Die Frage ist, ob das überhaupt zu reparieren ist und was das kostet. Ob wir nicht gleich besser eine neue kaufen.«

»Aber das hab ich doch schon gesagt: Diese Firma kommt, schaut sich das an, schätzt die Kosten, und dann können wir entscheiden.«

Alex sagt nichts darauf und räumt brummig sein Werkzeug weg. Danach verschwindet er wortlos zu seinem Freund Andi. Fast so, als wäre er wegen irgendetwas beleidigt, das *ich* ihm angetan habe.

Weitere fünf Mit-der-Hand-abspülen-Tage später (denn jetzt hat die Firma leider nicht mehr so schnell einen Termin zu vergeben) kommt ein freundlicher Fachmann. Alex ist im Büro, ich habe mir extra frei genommen. Neugierig schaue ich dem Handwerker zu, wie er ganz gelassen in nur zehn Minuten ein kleines, neues Ersatzteil einbaut. Das Ganze kostet mit Anfahrt 58 Euro.

Die Stimmung in der Familie ist wieder entspannt, Alex plötzlich wieder der Alte, so als wäre nie etwas gewesen. »Hadere doch nicht so rum wegen dieser Schale für zehn Euro. Also, wir müssen Gott sei Dank gerade doch nicht jeden Cent umdrehen«, sagt er beispielsweise. »Bitte, keine solchen Wörter«, weist er Lukas ruhig zurecht, als dem Jungen »Fuck!« entrutscht. Oder auch: »Lass den Teller mal stehen, ich bring den gleich selbst in die Küche, du bist ja schließlich nicht meine Bedienung!« (Aber nicht dass Sie glauben, das wäre bei uns immer so – ich meine mit »ganz der Alte« nur, dass mein Mann auch solche Anflüge hat.)

Später kam das Gespräch dann noch mal auf diesen Spülmaschinenfachmann, und ich erklärte Eva, die leidenschaftlich gerne bastelte und schnitzte, dass der Kerl Spezialwerkzeug dabeihatte, das ich noch nie gesehen hatte.

»Ah!«, ruft Alex. »Daran lag es also!«

»Was?«

»Na, wenn ich so einen Spezialheber gehabt hätte, hätte ich das Ersatzteil auch im Internet bestellen und es selbst einbauen können.«

Mir liegt schon auf der Zunge, dass man auch Spezialwerkzeuge im Internet bestellen kann – aber ich schweige lieber.

Ein Jahr später stellt sich zufällig bei anderer Gelegenheit auch noch heraus, dass dies gar kein Spezialwerkzeug war, sondern bestimmte kleine Heber, wie sie bei Alex auch in der dunkelblauen Werkzeugkiste im Keller liegen.

Selbstverständlich schweige ich auch dazu – oder sollte ich Alex auf den Kopf zusagen, dass seine Findigkeit und sein handwerkliches Können sich wohl doch in ganz normalen unteren Bereichen bewegen? Ich bin doch nicht lebensmüde! Im Gegenteil – ich habe *die* Idee schlechthin dazu. So raffiniert, wie ich sie als jüngere Frau niemals hätte haben können.

Als es dann wieder einmal so weit ist und sich die Kühlschranktür nicht mehr schließen lässt, wende ich diesen genialen Einfall auch an.

»Schau mal, Schatz«, erkläre ich. »Ich kann doch mal unverbindlich beim Hersteller anrufen und fragen, welche Ersatzteile man da braucht, oder? Kostet uns ja nichts!«

Alex stimmt brummend zu.

»Die Ersatzteile kosten fast nichts, aber der Einbau ist verdammt kompliziert mit der Blende vorne an der Kühlschranktür. Die muss exakt sitzen!«, erkläre ich nach meinem Telefonat.

»Das kann ich!«, behauptet Alex.

»Schon, bestimmt, du hast ja riesengroßes handwerkliches Geschick, Alex! Aber was die auch noch gesagt haben: Da braucht man extra Werkzeug, also ganz was Spezielles, das normalerweise in keinem Haushalt da ist«, erkläre ich ganz sachlich lügend.

»Ach so, wenn das so ist, dann …«

»Dann müh dich nicht ab. *Du* könntest das sicher, aber in diesem Fall brauchst du ein Spezialwerkzeug.«

Zwei Tage später ist der Kühlschrank repariert.

Und noch schöner – bald darauf lese ich auch noch eine Erklärung für das »Handwerker-Alex-Mr.-Hyde-Syndrom«: »Einem Mann zu sagen, er könne das nicht reparieren, wäre, wie einer Frau zu sagen, sie hätte einen schlechten Kleidungsstil«, meint der Paartherapeut Stefan Ruzas. »Damit wird unsere Männlichkeit infrage gestellt und uns die Möglichkeit genommen, zum Helden zu werden.«

Seither lobe ich andauernd die Männlichkeit meines Manns in Form von »Riesenhandwerkergeschick« und trickse weiter mit der Erfindung angeblichen »Spezialwerkzeugs«.

Mit mir ist kein Blumentopf zu gewinnen

Aus Erfahrungen wird man klug – welche Frau würde den Satz nicht unterschreiben? Wer einmal durchgefrorene Hände unter heißes Wasser gehalten hat, wird dies nie wieder tun, sondern sich ewig an den Schmerz dabei erinnern. Wem schon einmal das Handy in die Toilette gerutscht ist, wird beim nächsten Mal vorher prüfen, ob das Smartphone in der hinteren Hosentasche steckt. Und wer bei überfrierender Nässe einmal ins Auto gestiegen und in den nächsten Busch geschlittert ist, wird das vermutlich auch kein zweites Mal mehr machen.

Mit anderen Erfahrungen, die frau durch Fehler macht, verhält es sich leider nicht so ganz einfach. Mir brannte schon mehrmals Essen im Topf an, weil ich vergessen hatte, die Herdplatte abzustellen. Auch mit dem Aufräumen ist das so eine Sache – zwar weiß ich, dass tägliche kleine Handgriffe langfristig enorm viel Zeit sparen, weil ich dann nicht lange nach Papieren oder gar wie einmal drei Tage nach meinem Pass suchen muss, doch ich habe daraus nicht nachhaltig gelernt und schiebe »Aufräumen« meist so lange wie möglich hinaus. Und wie oft ich die falschen Schuhe gekauft habe – das mag ich nicht mehr zu beziffern.

Aber immerhin glaube ich, auf der persönlichen Ebene viel nachhaltig gelernt zu haben: Ich umgebe mich nicht mehr mit energieraubenden Personen, opfere meine Freizeit nicht mehr nervigen Bekanntenbesuchen und telefoniere nicht mehr den großen »Kindern« hinterher, was sie nur nervt, sondern warte, dass sie selbst anrufen, um mir etwas zu erzählen.

All diese Aspekte von jugendlicher Unbeschwertheit und älterer Gelassenheit und von »besonders« und »Schnitt« sein sind mir eigentlich gut erklärlich. Ich bin eben (auch wenn ich das höchst ungern eingestehe) ein Durchschnittsmensch, auf den das Zitat von Sokrates gut passt: »Der Kluge lernt aus allem und von jedem, der Normale aus seinen Erfahrungen, und der Dumme weiß alles besser.« Manchmal bin ich klug, wenn ich sogar von meinem Mann lerne, dass Loslassen bei den Kindern oft mehr Bindung bewirkt. Manchmal bin ich normal, wenn ich nie wieder bei überfrierender Nässe den Motor starte, und manchmal bin ich dumm, wenn ich alles besser weiß – und dieses ganz besonders Dumme hat bei mir mit Blumentöpfen zu tun.

Als hätte ich nicht Erfahrung genug, kaufe ich jeden Frühling mit schöner Regelmäßigkeit neue Blumentöpfe und topfe meine Pflanzen um. Mal in Ton, mal in Plastik, mal in Grau, mal in Terrakotta, mal passend zum Balkontisch in Grün, mal passend zur Hauswand in einem hellen Blau. Und jeden Herbst gucke ich auf den Balkon und denke: Das war ein Fehlkauf! Passt irgendwie nicht so gut zu den anderen Übertöpfen und der Deko. Und dann kommt der Frühling, und ich besorge einjährige Blühpflanzen – und kann nicht an mich halten, wieder Geld für neue Pflanzen-Gefäße und anderes Grünzeug auszugeben. Die alten Töpfe verschenke ich großzügig, um mein schlechtes Gewissen etwas zu verringern.

Wie bescheuert bin ich eigentlich, jedes Jahr neue Fehlkäufe zu tätigen? Denn in schöner Regelmäßigkeit ergibt sich kein einheitliches Gesamtbild auf dem Balkon. Und dabei, das muss man noch wissen, habe ich unsere Wohnung so exakt wie möglich geplant, sogar eine Innenarchitektin zurate gezogen. Pscht, nicht verraten: Äpfel und Orangen arrangiere ich bisweilen fast millimetergenau in einer Schale, spießiger, als meine Mutter je sein könnte.

Und dann kommt eines Tages mein Mann zu mir und meint beiläufig: Wir sollten auf dem Balkon mal einen Belag verlegen (siehe Kapitel *Das Leben als Familiengruppe*) und die Töpfe einheitlich dazu passend arrangieren. Wie? Was? Ich zucke zusammen und denke: »Der Kerl hat recht!« Und trotzdem entfährt mir sofort: »Nee, du, halt dich da mal zurück, von Balkongestaltung hast du keine Ahnung, das weiß ich besser!« Mein Mann ist wohl ein wenig erschrocken darüber, mit welcher Vehemenz ich seinen Vorschlag ablehne, schweigt und belässt es dabei. In mir arbeitet es. Alex hat den Nagel auf den Kopf getroffen und mein Problem mit dem Balkon genau benennen können. Und doch ärgert mich genau das. Die Töpfe sind nicht einheitlich, und der Belag ist scheußlich. Wie doof bin ich eigentlich? Wie albern ist das, einen Vorschlag so schnell vom Tisch zu wischen, nur weil ich immer dachte, ich wüsste es *besser* als er? Bin ich wie ein Mann, der das Gefühl hat, man kürzte sein bestes Stück um ein paar Zentimeter, wenn jemand anders etwas Klügeres zu einem Thema weiß?

Eine Woche später gestehe ich möglichst beiläufig ein: »Du, das mit dem Belag auf dem Balkon war eigentlich eine gute Idee! Lass uns das mal bald machen.« Mein Mann hat keine Ahnung von der inneren Tragweite des Vorausgegangenen und nickt einfach. Wir suchen in Baumärkten und im Internet nach Bodenbelägen und passenden Blumenkübeln. Bald werden wir fündig und uns auch schnell einig, dass wir weder einen Bodenbelag wollen, der jährlich zu streichen ist, oder Pflanzenkübel, die so groß sind, dass man sie nicht mehr umstellen kann. Sogar bei der Farbabstimmung sind wir sofort einer Meinung: Es muss ein helles Grau sein.

Alles gut, alles bestens! Frau lernt schließlich dazu und bleibt nicht auf der Stufe der ganz Dummen stehen, die alles besser wissen.

Aber dann sagt mein Mann zu mir: »Nimm keine Geranien, die sehen so spießig aus!«

»Machst *du* dir dann die Arbeit mit den Pflanzen oder ich?«, entfährt es mir. Und ohne dass ich es möchte, rutscht mir heraus: »Was Pflanzen angeht, da weiß ich es einfach besser!«

Vielleicht gehört zur Weisheit eines gewissen Alters, sich auch schlicht einzugestehen, dass wir alles gleichzeitig und immerzu sind: schlau, normal und dumm.

Werbung erwünscht!

Bis vor einiger Zeit hat Facebook in meinem Umfeld noch die Leute meiner Generation gespalten. Die einen – wie mein Mann – fanden das soziale Netzwerk »total bescheuert«. Die anderen – wie meine Freundin Kikki – stürzten sich begeistert in diese »superneue Welt, die tatsächlich verbindet!«. Kikki war nach der Anmeldung bei Facebook geschlagene drei Monate mehr oder weniger abgetaucht, weil sie uralte Freunde und Bekannte dort »wiedertraf«, Kontakte zu zweien ihrer Musiker-Idole knüpfen konnte und nächtelang mit neuen Freundschaften hitzig über Politik debattierte.

»Stell dir vor, Tiziano (das Musiker-Idol) hat meine Message ganz lieb beantwortet«, erzählte sie begeistert wie ein Teenie, »und ich werde ihn in Rom treffen, wenn ich mal wieder dort bin!«

Mein Mann hingegen grummelte: »Da gehe ich doch lieber in eine Kneipe, da sind reale Menschen, denen ich ins Gesicht sehen kann.«

»Hinter Facebook stehen auch reale Menschen, abgesehen von den paar Fakes!«, widersprach ihm Kikki. »Und glaubst du, ich würde in der nächstbesten Kneipe in München das Genie Tiziano kennenlernen?«

»Und was hast du davon, ihn kennenzulernen?«, erwiderte Alex, weil ihm offenbar nun nichts mehr dazu einfiel.

»Mit das Wichtigste bei uns Menschen sind die sozialen Beziehungen, die uns glücklich machen!«, erklärte Kikki geduldig und zitierte ein paar Statistiken. Kikki ist ja Psychologin und sehr eloquent. Alex hat bisher noch jeden argumentativen Schlagabtausch gegen sie verloren.

»Mich interessiert aber wirklich nicht, was die Katze vom Heini X gerade macht oder was Heini Y zu Mittag isst.« Alex ließ nicht locker.

»Ach, den Alltagskram, den Leute so posten, musst du dir gar nicht angucken, das kannst du einfach bei den Einstellungen ändern, wenn dir das nicht passt«, entgegnete Kikki. »Und übrigens, wo wir gerade debattieren, das hab ich auch erst so richtig über Facebook gelernt. Immer sachlich bleiben und die Meinungen mit Argumenten verknüpfen – das ist einfach anders als im realen Leben, in dem Emotionen beim Austausch eine wichtigere Rolle spielen.«

Verwirrt schaute Alex drein, bis Kikki noch erklärte, dass Facebook eben jeder anders verwende, manche suchen sich ihre »Blase« (Gruppe) Gleichgesinnter zusammen; andere geben wenig Persönliches preis und sind eher an einem interessanten oder kontroversen Austausch interessiert, wieder andere finden es vor allem spannend, auf diese Weise alte Bekanntschaften wieder aufleben zu lassen.

Einig waren sich Kikki und Alex jedoch darin, dass Facebook jede Menge Daten abgreift, mehr, als uns allen lieb ist. »Damit können sie gezielt Werbung schalten!«, meinten die Freundin und der Mann unisono. Man spioniere uns aus, wisse alles über uns, und der Datenschutz sei eine »Farce«.

Ich pflichtete dem bei, nickte und sagte geistesabwesend: »Ja, wirklich!« Denn von meinem blöden Test zum Alter auf Facebook (siehe Kapitel *Sternzeichen Altfrau*) möchte ich lieber nichts erzählen. Nun ist es nicht so, dass ich ganz unpolitisch wäre und es mir egal wäre, wie wenig unsere

Privatsphäre noch auf der Agenda der schützenswerten menschlichen Dinge steht. Nein, ich empöre mich ehrlich mit schöner Regelmäßigkeit auch darüber, dass keiner daran denkt, was diese Datensammlung im Falle einer Diktatur für jeden von uns bedeuten könnte. Aber dann ist mir das auch wieder egal. Ich stehe zwischen Kikki und meinem Mann. Ich poste nicht viel auf Facebook, sehe nur ab und zu rein und betrachte das soziale Netzwerk eher als Ergänzung zu meinem realen Freundschaftsgeflecht.

Die erhitzten Debatten zwischen Kikki und meinem Mann sind aber auch längst abgeflaut. Denn nach der ersten Euphorie und einem Treffen mit Tiziano in Rom, das wohl ziemlich steif und gezwungen verlief, verbringt Kikki auch nicht mehr so viel Zeit auf der Plattform. Und nachdem mein Sohn Lukas mal zu Alex sagte: »Geh doch zu Facebook, da triffst du garantiert auf eine Gruppe, die deine Linguistik-Begeisterung teilt. Auf Facebook findest du für jedes noch so ausgefallene Hobby Gleichgesinnte«, überlegte mein Mann sogar mal laut: »Vielleicht sollte ich mich da doch mal anmelden!«

Nur meine alte Freundin Dorothee debattierte erst gar nicht über Facebook, denn dieser »Quatsch« sei ihr noch nicht mal die Vergeudung von Gedanken wert. Dorothee ist alleinerziehend, rundlich, sehr konsumkritisch und findet technische Neuerungen blöd, denn früher ging es ja auch anders, besser sogar! Was haben uns die Computerspiele und die sozialen Netzwerke an Erziehungsarbeit eingebrockt! Den Sohn musste sie in aufreibenden Kämpfen vom Gamen wegbringen und die Tochter davon abhalten, auch noch nachts um drei Uhr auf WhatsApp zu schreiben! Was war das für eine Anstrengung, die beiden endlich dazu zu bringen, auch mal ein Buch zu lesen.

Ich verkneife mir, darauf hinzuweisen, dass meine mittlerweile erwachsenen Kinder irgendwann ganz freiwillig zu einem Buch gegriffen haben, nachdem wir ihnen mehr Medienkonsum gar nicht mehr verboten hatten. Ich verkneife mir das, weil mir klar ist, dass mein Mann und ich uns einen Teil der Kämpfe geteilt haben, Dorothee hingegen alles alleine durchfechten musste. Und ich sage auch nichts dazu, dass Dorothee mit ihrem Geschimpfe über Facebook ohnehin falschliegt, denn die Jüngeren verwenden dieses Netzwerk, auf dem sich die Alten – also wir! – austauschen, praktisch nicht mehr – eben weil dort Papa und Mama unterwegs sind.

Dann ist Dorothee eines Tages abgetaucht. Genau genommen fällt es mir erst nach einem Monat auf. »Schon lange nichts mehr von Dorothee gehört«, denke ich und melde mich bei ihr. Dorothee hat keine Zeit. Auch einen Monat später nicht und noch einen weiteren Monat auch nicht. Muss ich mir Sorgen machen? Irgendwas stimmt da doch nicht. Ach, ich hab's – Dorothee hat sich wahrscheinlich verliebt! Gut, dann will ich nicht aufdringlich sein und frage auch nicht nach. Irgendwann wird sie schon von alleine wieder auftauchen. Das Schöne an so ewig langen Freundschaften, wie wir Ü-40-Frauen sie haben, ist, dass wir blind darauf vertrauen können, dass die andere nach einer Lebenskrise oder nach dem siebten Himmel wieder bei uns aufschlägt.

Tatsächlich: Ein gutes halbes Jahr nach ihrem »Verschwinden« schreibt Dorothee mir eines Tages wieder – über den Facebook-Messenger. Ich glaube, ich sehe nicht richtig. Dorothee bei Facebook? Ja, tatsächlich, sie hat sich angemeldet und sofort an die hundert Freunde »gefunden« – also Leute, die sie bestimmt aus dem realen Leben kennt und angefunkt hat. »Was ist denn mit Dorothee passiert?«, frage ich mich und gedulde mich bis zum baldigen Treffen, das wir vereinbaren.

Ja, Dorothee hatte sich tatsächlich verliebt gehabt, erzählt sie mir bei unserem Lieblingsitaliener. Aber die Geschichte sei schon wieder durch. Der Typ sei zwar attraktiv und zuverlässig gewesen. Außerdem im Bett fantastisch. Aber geistig? Nullnummer. Da hätte es nichts gegeben, über das sich die beiden hätten unterhalten können. Weder an Büchern noch am Theater oder an sonst irgendwas sei der interessiert gewesen. »Ist halt so«, seufzt Dorothee, »es ist einfach mein Pech, dass es nie klappt!«

Auch dazu schweige ich, weil ich die Pechvogelserie bei Dorothee bis zum Abwinken kenne. Meine Freundin hat ein Riesentalent, entweder an die falschen Typen zu geraten oder die guten Kerle in die Flucht zu schlagen.

»Aber weißt du was?«, erklärt Dorothee beim Glas Wein ganz entspannt, »*Ein* Gutes hatte das alles. Also der Typ. Der brachte mich zu Facebook.«

»Nicht zu fassen«, sage ich. »Ausgerechnet dich?«

»Ja, mich!«, lächelt Dorothee. »Aber nicht, wie du meinst, dass ich da versuche, vielleicht einen Neuen zu finden. Ich bin da jetzt, weil ich mich jeden Morgen freuen kann, wenn ich nach dem Frühstück kurz reinsehe.«

Also, das muss mir Dorothee jetzt erklären, so ein Pro-Facebook-Argument habe ich noch nie gehört.

»Am Anfang hab ich ja gedacht, ich spinne, was da plötzlich für Werbung auf meiner Pinnwand kam – alles für Frauen in meinem Alter, rauf und runter. Und ich hab mich tierisch geärgert, weil die aufgrund meines Geburtsdatums so gezielt Reklame machen können!«, führt Dorothee aus. »Und jetzt freue ich mich darüber wie ein Honig-kuchenpferd. Denn weißt du, was da kommt? Mode in super Übergrößen, arschteure Faltencremes mit Bildern von Frauen, die zwanzig Jahre älter aussehen als ich, und Angebote von Apotheken für Medikamente, die ich nun wirklich noch nicht brauche. Und deshalb freue ich mich jeden Tag beim Blick in Facebook darüber, wie gut ich mich gehalten habe und wie jung ich noch für mein Alter bin.«

Glaskugel

Einen »Blick in die Zukunft« verbinde ich gedanklich immer mit dem Bild einer bunt gekleideten Wahrsagerin, die in einer Bude mit Orientteppichen sitzt, dazu mindestens eine Katze im Raum und ein dunkler Tisch, auf dem Tarotkarten liegen. Die ältere Dame mit langen, dunklen Haaren würde mir tief in die Augen schauen, einen Blick in ein Buch werfen, Karten legen oder ein Pendel schwingen lassen. Außerdem würde sie mich irgendeinem Stein zuordnen. Und selbstverständlich würde sie irgendwann in eine Glaskugel blicken, Visionen haben und mir auf den Kopf zusagen, was mich in näherer und fernerer Zukunft erwartet, weil sie mich wie in einem Film in ihrer Glaskugel sieht.

Zwar war ich immer mal wieder in meinem Leben, vor allem in Krisensituationen, geneigt, Geld für den Blick in die Zukunft auszugeben – aber dann habe ich es doch nicht gemacht. Klar, jeder weiß, dass es im Prinzip Quatsch ist – keiner kann die Zukunft voraussehen. Wir möchten nur mehr wissen und geben für diesen Unfug Geld aus wie für Anti-Aging-Cremes, die ebenso nutzlos sind, ganz nach dem Motto: »Vielleicht ist ja doch was dran?«

Seit einiger Zeit interessiert mich der Blick in die Zukunft komischerweise immer weniger. Ich will nicht mehr wissen, ob ein Typ in mich verliebt ist – weil ich offenbar immer besser selbst beurteilen kann, ob der Mann wirklich Interesse an mir hat. Ich will auch nicht mehr von einer

Wahrsagerin hören, ob ich nach dem Bewerbungsgespräch meinen Traumjob bekomme – denn mein Bauchgefühl hat mir längst gesagt, dass ich mit einer flapsigen Bemerkung an der falschen Stelle diese Chance in den Sand gesetzt habe.

So oft ich früher in Gedanken damit gespielt habe, so wenig denke ich heute noch an eine Wahrsagerin, die mir Hinweise für die Zukunft geben kann. Ist dieses Thema durch für mich, weil ich einfach viel selbstsicherer im Leben geworden bin? Weil ich keine anderen mehr befragen muss, um Situationen einzuschätzen? Weil ich unbewusst spüre, dass nicht ein Schicksal und eine unvorhersehbare Zukunft für mich verantwortlich sind, sondern nur ich selbst? Also weil ich die Lebensgestaltung bei allen Unwägbarkeiten letztlich doch selbst in der Hand habe?

Das ganze Wahrsage-Klimbim lag mir also seit Jahren völlig fern – bis ich eines Tages einer sehr gepflegten, rund 70-jährigen Frau mit blonden Haaren im Erdgeschoss begegne, die bei uns im Treppenhaus vor dem Lift steht, auf den ich nach dem Betreten des Gebäudes warte. Ah, das ist die Frau Meier, die Nachbarin, die nur selten hier ist. Irgendwann habe ich mal gehört, dass sie so viel Geld hat, dass sie sich diese Münchner Wohnung einfach nebenbei leisten kann und nur ab und zu hier weilt.

Ein Small Talk entsteht:

»Frau Meier, wie geht es Ihnen denn?«

»In München geht es mir gut!«

»Ah, Sie mögen die Stadt so gern?«

»Nein, es ist nicht die Stadt, sondern weil ich hier alleine bin.«

»Ah, ähm … warum?«

»Na, ohne meinen Mann. In München geht es mir immer gut, weil ich hier alleine in der Wohnung bin und machen kann, was ich will.«

Ich weiß nicht, was ich darauf antworten soll, und nicke nur verlegen, bis mir der Satz einfällt: »Es ist halt schon manchmal schwierig, nach so langer Zeit.«

Frau Meier lächelt süffisant: »Ach, Sie sind noch so jung! Warten Sie mal, was da noch auf Sie zukommt!«

»Ähm, wie meinen Sie das?«

Ein anderer Nachbar kommt ins Haus und drückt auch auf den Liftknopf, so als hätten wir das noch nicht getan. Frau Meier verstummt, und wir schweigen, bis wir den Fahrstuhl betreten und der Mann wieder ausgestiegen ist.

»Sie müssen wissen«, führt Frau Meier danach aus und stellt sich in die Lichtschranke des Lifts, damit die Tür unser Gespräch nicht wieder unterbricht, »mit den Männern wird es immer schlimmer, je älter sie werden – und wir mit ihnen, ich meine in der Beziehung oder Ehe.«

Wie kommt die gute Frau dazu, nach einer zufälligen Begegnung zwischen »Tür und Angel« mit mir, so etwas so offen zu sagen? Und was meint sie mit ihrem Statement? Wie kommt sie auf die Idee, dass ich verheiratet bin? Okay, fällt mir ein, sie kennt auch meinen Mann und hatte vielleicht mein Vorgängerbuch gelesen, dessen Titel ja mehr als deutlich macht, dass ich verheiratet bin.

Frau Meier bemerkt meinen fragenden Blick, lächelt und sagt: »Es wird immer schlimmer, weil alles so bleiben soll, wie es war, und sie sich nicht mehr verändern wollen, die Männer. Nicht mal mehr ein Gewürz wie der Kümmel darf an einem anderen Ort stehen als die Jahrzehnte zuvor. Machen Sie sich darauf gefasst, wenn Sie weiter bei Ihrem Mann bleiben, der mit Ihnen altert, dass er die Zeit einfrieren will und Sie dazu.«

Frau Meier kramt in ihrer Tasche nach etwas, zieht den Wohnungsschlüssel heraus und verschwindet durch das Treppenhaus in ihre Wohnung. Dabei sehe ich in ihrer Tasche eine runde, große Glaskugel. Oder täusche ich mich? Träume ich? Irritiert verabschiede ich mich noch unbemerkt von ihr und fahre weiter nach oben.

Ein paar Tage später sehe ich die Glaskugel auf dem Balkon von Frau Meier in einem Blumenstock stecken.

Secondhand-Life

Eine Bekannte von mir behauptet, ab vierzig gäbe es für Frauen nur noch Secondhand-Männer im Angebot. Ich bin mir da nicht so sicher, denn meine Bekannte hatte auch vorher schon einen Hang zu – sagen wir mal so – Gebrauchtwagentypen.

Was mich hingegen beschäftigt, ist die Tatsache, dass Menschen, die älter werden, oft ein Secondhand-Life zu führen scheinen. Sie berichten immer öfter vom Inhalt von Filmen, dem Werdegang der Kinder oder dem Schicksal einer Nachbarin. Diese Menschen scheinen nichts mehr wirklich zu er-leben, sondern nur noch ein Leben abzuspulen und wiederzugeben, was sie indirekt über Filme oder die Kinder erlebt haben.

Nicht falsch verstehen: Natürlich interessiert es mich, was die inzwischen erwachsenen Kinder von Dorothee jetzt studieren – aber es berührt mich seltsam, wenn Dorothee mir erzählt: »Stell dir vor, was Max erlebt hat!« Und dann berichtet sie ausschweifend, dass er zwei Stunden für ein Konzertticket anstehen musste.

In solchen Momenten denke ich mir: Warum stehst *du* eigentlich nicht mehr für Konzerttickets an, Dorothee? Gleich danach stellt sich mir dann die Frage: Und warum stehe *ich* eigentlich nicht mehr für Konzerttickets an? Denn ja, ich unternehme auch deutlich weniger als noch vor zehn Jahren. Irgendwie bin auch ich ein Faultier geworden.

Wie oft bin ich froh, wenn ich an einem Samstagabend

nur auf dem Sofa lümmeln kann, früh ins Bett komme und Sonntag vor dem Frühstück noch Sachen erledige, die unter der Woche liegen geblieben sind! (Also genau das tue, womit man mich früher gestraft hätte: Du darfst nicht ausgehen, du darfst dich nicht schminken und hübsch machen, du musst zeitig ins Bett, du musst früh aufstehen, du darfst keinen Sex haben.)

Und dann ist da meine Freundin Kikki. Die steht zwar auch nicht mehr so oft für Konzerttickets an, aber sie berichtet auch nicht von Kindern, die für Konzerttickets anstehen – dafür aber von interessanten neuen Musikgruppen, auf die sie gestoßen ist, von einem aufregenden Geschäftspartner, der ihr Schmetterlinge im Bauch bereitet, und von dem Plan, wie sie ihre Wohnung komplett umgestalten lassen will. In Kikkis Kopf scheint sich immer etwas zu bewegen. Sie ist lebendig geblieben und er-lebt deshalb auch noch so viel.

Aber wie geht das? Ratlos grüble ich darüber, bis ich auf die Idee komme, einfach Kikki danach zu fragen – sie ist nicht nur meine Freundin, sondern auch Psychologin, also muss sie das wissen.

»Ich weiß auch nicht«, erklärt Kikki, »das ist halt so!«

Hm. Ich bin enttäuscht.

Doch Kikki wäre nicht die lebendige Kikki, wenn sie meine Frage nicht beschäftigen würde. Zwei Tage später ruft sie mich an.

»Hör mal«, meint sie ganz aufgeregt, »du hast mich vor eine Herausforderung gestellt mit deiner Frage! Wie gut! Denn jetzt musste ich das noch mal ganz neu überlegen. Weißt du, was uns lebendig macht? Nichts wie selbstverständlich nehmen, alles noch einmal hinterfragen, Pläne schmieden und den Kopf umbauen – und vor allem neugierig bleiben!«

Das ist also das Rezept, um nicht im Secondhand-Life zu landen. Gut zu wissen! Nächsten Samstagabend werde ich im Lümmellook auf meinem Sofa darüber nachdenken – wenn ich nicht darüber einschlafe!

In Zukunft werden wir alle alt aussehen – ein Frauenleben in Dekaden

10 Jahre: Wann werd ich endlich älter?

20 Jahre: Bin ich zu jung für ihn?

30 Jahre: Was haben die alle bloß mit dem Alter? Das ist doch nur eine Zahl!

40 Jahre: Ich möchte gar nicht jünger sein.

50 Jahre: Wie kann ich jünger aussehen?

60 Jahre: Die anderen sehen so alt aus.

70 Jahre: Verdammt, ich glaub, ich werde alt!

80 Jahre: Wie gut, dass ich so oft mein Alter vergesse.

90 Jahre: Wer ist eigentlich die alte Frau da? O Gott, das ist mein Spiegelbild!

Damenwahl

Ü-40-Frauen kennen den Begriff vermutlich nur, wenn sie Klassiker lesen oder eine Karriere als Tänzerin anstreben. »Damenwahl« bezeichnet ursprünglich einen Begriff beim Tanz. Normalerweise saß Fräulein oder Frau brav am Saalrand oder an einem Tisch und hatte darauf zu warten, von einem Mann zum Tanz aufgefordert zu werden. Bei der »Damenwahl« war das dann ausnahmsweise für einen oder drei Tänze am Abend anders. Frauen durften den Partner wählen und ihn auffordern.

Das alles könnte frau als kuriose Fußnote der Geschichte belächeln. Denn Standardtänze und die Aufforderung zum Tanz sind, von wenigen Oldie-Nischen wie dem Tanztee im Seniorenheim abgesehen, fast ausgestorben. Sie stehen nicht einmal mehr auf der roten Liste der bedrohten Gesellschaftsformen, weil sich das Rad der Geschichte so schnell weiterdrehte, dass im Laufe des vergangenen Jahrhunderts Standardtänze und Standardtanzsituationen einfach immer mehr unter die Räder gerieten.

Frauen begannen ab 1900 sukzessive und immer vehementer um weitaus Wichtigeres zu kämpfen wie das aktive und das passive Wahlrecht. Für uns heute ist es unvorstellbar, dass erst vor gut hundert Jahren Frauen überhaupt ein Kreuzchen setzen oder sich gar als Politikerinnen zur Wahl aufstellen lassen durften. Unter viel Häme, Spott und Verachtung haben mutige Frauen dafür gekämpft. Sie ließen sich die Haare kurz schneiden, kleideten sich bequemer mit kürzeren Röcken oder sogar Hosen, setzten sich im Herrensitz auf ein Pferd (*das* Skandalöse schlechthin) und ließen sich vom Zeitgeist nicht einschüchtern – ein Zeitgeist, der behauptete, Frauen könnten wegen des kleineren Gehirns gar nicht so klug und klar denken wie Männer.

Mittlerweile gibt es viele Biografien dieser tapferen Weiber. Von einer Rosa Aschenbrenner über englische Suffragetten bis hin zu einer Coco Chanel, deren Modeschöpfungen Frauen endgültig vom Korsett befreiten.

Im wahrsten Wortsinn und im übertragenen Sinne – alles Einengende sollte über Bord geworfen werden und Frau endlich in allen Bereichen frei wählen dürfen. Nicht nur beim Tanz.

Ü-60-Frauen haben unsere rasante Emanzipationsgeschichte teilweise noch am eigenen Leib erlebt. In ländlichen Gebieten wurden Frauen schief angesehen, die eine weiterführende Schule besuchten, denn eine gebildete Frau war in den Augen vieler Väter und Lehrer eine Aufmüpfige, die kein Ehemann lange bei sich haben wollte (wobei die Väter nicht ganz unrecht hatten, denn schließlich wurden mit solchen grundlegenden emanzipatorischen Errungenschaften auch die Schleusen zu einer Reform des Scheidungsrechts geöffnet). Ohne Zustimmung des Ehemannes durften Frauen bis 1962 kein eigenes Bankkonto eröffnen. Und noch bis 1977 durfte eine Frau nur arbeiten gehen, wenn der Ehemann damit einverstanden war – teilweise konnte der Mann sogar die Arbeitsstelle seiner Frau hinter ihrem Rücken kündigen.

Jenseits des städtischen Milieus sind viele von uns noch mit dem Begriff »Emanze« aufgewachsen – die abwertende Bezeichnung für eine Frau, die sich herausnimmt, auf ihre eigenen Wahlmöglichkeiten zu pochen. Die Wahlmöglichkeit bei Lebensentwürfen, bei Parteien, beim Partner, bei Trennungen, auf dem Jobmarkt – und selbstverständlich auch bei Gesellschaftstänzen.

Mein Sohn Lukas hat nun seit ein paar Monaten eine hochsympathische Freundin namens Laura, mit der er Urban Style tanzen geht. Nicht nur das – ein paar Monate später erzählen sie mir, dass sie nun auch »Gesellschaftstänze« lernen. In einer »old-fashioned« Tanzschule. Die sei total witzig vintage, ebenso wie die Tanzlehrer, so »ein Opa-Oma-Paar«, total süß. Am witzigsten finden beide jungen Leute aber etwas anderes: »Damenwahl«, die es jeden Tanzabend dort geben würde.

»Aber eigentlich mag ich das gar nicht so gerne«, berichtet Laura schließlich. »Da muss ich mir ja jemanden aussuchen, und die anderen fühlen sich vielleicht zurückgesetzt«, erklärt sie.

»Aber ist das nicht schön, wenn es zur Abwechslung mal andersrum ist?«, frage ich.

»Wie, andersrum?«, erwidert Laura.

»Na ja, wenn *du* mal jemanden wählen kannst und nicht darauf warten musst, dass *er* dich wählt!«

Laura sieht mich mit großen Augen an, dann lacht sie plötzlich: »Nein, ich sitze doch nicht da und warte – das regeln wir immer vorher via Augenkontakt. Außer bei der Damenwahl eben, wo nur die Frauen wählen.«

Ich lächle. Ui, die Emanzipation hat sich in diesem Punkt aber fast schon mehr als umgekehrt. Ich erzähle ihr von den schlimmen Tanzstundenerlebnissen meiner Tante, die als graue Maus immer erst als letzte von allen anderen Frauen gewählt wurde und sich seither konsequent nur noch für klassische Musik interessierte. Und dass ich auch noch bei einem Tanzkurs das »Gewähltwerden« bescheuert fand.

»Voll krass, wie es da bei euch Alten abging!«, meint Laura weiter laut überlegend.

»Bei uns Alten?« In mir schreit alles auf. Die meint auch mich! Gut, dass keine Motorsägen hier herumliegen und ich von Natur aus ein friedliebender Mensch bin! Was bildet sich dieses junge Ding eigentlich ein, mich so unverschämt als »Alte« zu bezeichnen? Mein Sohn hat etwas *viel* Besseres verdient als so ein respektloses Biest! Die werde ich ... die werde ich ... die werde ich noch ... egal was! Mein Hirn hyperventiliert.

Laura kriegt von meinen inneren Regungen nichts mit, sie scheint versonnen nachzudenken. »Damenwahl, jetzt fällt es mir wieder ein«, meint sie nun. »Das hab ich auch schon mal gelesen, bei Schiller oder Goethe. Ich lese gerne so Zeug«, fügt sie entschuldigend hinzu. »Ja, da war ein Buch, ich weiß nur nicht mehr genau welches, da ging es jedenfalls darum, dass eine böse Schwiegermutter die Damenwahl vehement ablehnte und verteufelte. Weil sie dem Sohn die Frau nicht gönnte und eifersüchtig war. So ein Quatsch!« Laura empört sich. »Böse Schwiegermütter, die die Frauen für die Söhne ablehnen, gibt es doch bloß in so alten Romanen, die so Chauvinisten geschrieben haben!«

Das Leben als Familiengruppe

Gehe gleich in den Baumarkt und in den Supermarkt. Soll ich noch was besorgen, Schatz?«

Die scheinbar ganz harmlose WhatsApp-Nachricht meines Mannes erreicht mich mitten in einer Besprechung im Büro kurz vor Weihnachten, und ich antworte nicht darauf. Was hab ich auch für einen tollen Ehemann, der selbstständig einkaufen gehen kann und bei seiner Frau sogar noch nachfragt, was an Vorräten fehlt.

Erst zum Ende der Besprechung im Büro beschleicht mich eine leise Ahnung, was mein Mann damit gemeint habe könnte, dass er noch zum Baumarkt fährt. Er mag doch Baumärkte »eigentlich« nicht. Könnte es sein, dass ihm plötzlich wieder eingefallen ist, dass unser Parkettboden renoviert gehört? Davon spricht er schon seit Jahren. Immer mal wieder. Das kommt in Wellen. Wie die Hitzewallungen bei Frauen im Klimakterium. Zunächst hatte ich mich gefreut, dass er eigeninitiativ die Wohnung verschönern will – doch dann geschah regelmäßig: nichts. Im Laufe der Jahre habe ich es aufgegeben, noch irgendwelche Träume diesbezüglich zu hegen.

Dennoch spricht mein Mann Alex mit schönster Regelmäßigkeit davon: »Der Fußboden gehört endlich abgeschliffen und neu versiegelt.« Die Sätze ähneln der Behauptung: »Wir schenken uns nichts zu Weihnachten.« De facto haben wir dann doch immer etwas unter dem Christbaum liegen.

Mit dem Fußboden verhält es sich nur umgekehrt. Im ersten Fall wird behauptet, nichts tun zu wollen – um es dann doch zu tun. Im anderen Fall wird andauernd eine Absichtserklärung gegeben – und dann passiert nichts. Der Soziologe Ulrich Beck ordnete letzteres Verhalten vor allem den Männern zu und nannte es »verbale Aufgeschlossenheit bei weitgehender Verhaltensstarre«.

An diesem frühen Abend rieche ich mit weiblicher Intuition einen unguten Braten. Denn verstehen werden wir die Männer nie – aber wer Männer versteht, kann auch durch null teilen.

Wie kommt mein Mann dazu, an nur einem Tag in den Supermarkt und in den Baumarkt zu gehen? Also, ich kann im Schreibwarenladen Geschenkpapier einkaufen und im Supermarkt nebenan Lebensmittel. Aber bei Alex scheint es ausgeschlossen zu sein, nacheinander zwei Läden zu besuchen. Als hätte ein männliches Gehirn nur Platz für *ein* Ladenbesuchsvorhaben am Tag. Mein Mann trieb es tatsächlich schon so weit, zum Bäcker zu gehen, zurückzukehren und danach zum Metzger aufzubrechen – denn bestimmte Bereiche in seinem Leben hielte er »lieber getrennt«, wie er mir erklärte. Nein, mein Mann ist weder debil noch schwer geistesgestört – im normalen Leben ist er ganz normal, ich schwöre es Ihnen!

Aber gut, das nur am Rande. Jedenfalls erreichte mich die WhatsApp-Nachricht meines Mannes genau vor dem Dezembertag, an dem meine Tochter Eva wieder bei uns einziehen wollte, weil ihre erste Beziehung endgültig gescheitert war. Sie will so schnell wie möglich raus aus der gemeinsamen Wohnung.

Und ausgerechnet zu dem Zeitpunkt und auch noch

kurz vor Weihnachten möchte mein Mann nun tatsächlich den Fußboden auf Vordermann bringen – wozu die ganze Wohnung auszuräumen wäre.

Nun soll man ja Männer – wenn sie schon die Verhaltensstarre auflösen – in ihrem Tatendrang nicht ausbremsen, vor allem, wenn sie auch noch das Zuhause verschönern wollen. Aber wieso muss ein männlicher Tatendrang ausgerechnet dann ausbrechen, wenn es am allerwenigsten passt? Einerseits will Eva mit all ihren Sachen wieder einziehen, und Alex möchte wiederum alles, was wir haben, aus der Wohnung schaffen. Das alleine als Herausforderung zu begreifen wäre noch untertrieben.

Falls Sie sich jetzt fragen, ob ich meinem Mann zu den Plänen unserer Tochter vielleicht einfach nicht Bescheid gegeben hätte, verstehe ich diese Frage zwar, aber muss sie entschieden verneinen.

Mein Mann hat neben vielen anderen Eigenschaften auch die Angewohnheit, WhatsApp-Nachrichten in der Familiengruppe zwar zu lesen, wie es die blauen Häkchen verraten, sie aber nur höchst selektiv in sein Bewusstsein eindringen zu lassen. Wenn ich Alex nicht besser kennen würde, würde ich auf »Alkoholiker« tippen. Die haben auch Filmrisse und wissen am nächsten Tag nicht mehr, was besprochen wurde. Aber Alex ist ein ganz nüchterner Typ und nie richtig betrunken. Trotzdem nimmt er bestimmte Dinge nur wie ein Teilzeit-Dementer wahr – bevorzugt WhatsApp-Nachrichten, die Familie betreffend. So wenig Alex offenbar lesen und private Informationen in Erinnerung behalten kann, so gut kann er sich immer herausreden und verwickelt mich in Diskussionen über Nebenschauplätze, ohne dass ich es merke.

»Kannst du mir nicht helfen?« Mit dieser Frage empfing mich Alex an diesem Dezembertag, als ich von der Arbeit kam. »Ich hab mal wieder keine Idee, was ich den Kindern schenken könnte!«

Erstaunt sah ich ihn an. »Aber Lukas und Eva haben doch ausführliche Wunschzettel in die Gruppe geschickt!«

»Welche Gruppe?«

»In die Familiengruppe bei WhatsApp! Welche denn sonst?«

»Das muss ich übersehen haben!«

»Die haben ihre Wunschzettel an die zwanzig Mal geschickt. Jedes Mal verändert!«

»Das muss ich übersehen haben, Schatz. Wenn ich im Büro bin, bin ich mit dem Kopf woanders. Da ist ein Stress, ich sag es dir!«

»Evas letzte Version kam morgens beim Frühstück an, als wir bei deiner Mutter waren, am Sonntag!«

»Schatz, wenn ich bei der Mama bin, du weißt schon, die ist kompliziert, da überlese ich so was gerne!«

»Die anderen Mitteilungen kamen am Samstagmittag an!«

»Schatz, aber du weißt doch, da bin ich schwimmen. Und im Schwimmbad kann ich nicht auf das Handy sehen.«

»Auch nicht danach?«, frage ich spitz zurück.

»Doch, natürlich, aber du weißt doch, wie das ist, wenn man eine Nachricht nicht gleich liest, wenn es bimmelt, dann verpufft das irgendwie.«

»Ach, und mir wirfst du vor, dass ich das Garagentor, das du aus Versehen offen gelassen hast, nicht geschlossen habe, obwohl du mir doch eine Nachricht geschickt hast mit ›Bitte zumachen‹. Auf Nachfrage hab ich nicht mal erfahren, was ich nun zumachen soll. Also die Tür zum Balkon oder die Kühlschranktür.«

»Das war doch albern mit der Kühlschranktür!«

»Klar, war es das. Ich hab ja auch ein Zwinkern dahintergesetzt. Spaß.«

»Na ja, über Humor kann man sich streiten!«

»Moment mal, du lenkst nur davon ab, dass *du* auf meine Nachfrage nicht reagiert hast, weil du beim Fußballspiel gewesen bist!«

»Das war *das* Spiel überhaupt. Dortmund gegen Bayern. Weißt du überhaupt, was das heißt?«

»Muss ich das wissen? Hat mich das irgendwie zu interessieren?«

»Nein, natürlich nicht, aber du kannst auch nicht erwarten, dass ich bei so einem Spiel so aufmerksam gegenüber euch bin wie immer!«

»*So aufmerksam gegenüber uns wie immer?*«, kreische ich.

»Schatz, was ist denn?«, fragt Alex verblüfft.

»Nichts, gar nichts!«

Ich verlasse den Raum und gehe an die frische Luft, raus auf den Balkon. Genauer: Ich gehe auf den Balkon, um eine zu rauchen, obwohl ich das Rauchen schon länger aufgegeben habe.

Doch dort kann ich mich auch nicht beruhigen, im Gegenteil – ich sehe, welch halb vollendete Tatsachen mein Mann heute schon geschaffen hat. Schleifpapier, eine Maschine, die aussieht wie ein Bügeleisen mit Aufsatz, und Beize für Holz hat er dort zwischengelagert – er ist also im Baumarkt gewesen.

Dabei will Eva morgen heimkommen, wir müssen ihr doch ein Zuhause und eine Geborgenheit bieten, wenn sie von der ersten große Liebe ihres Lebens verlassen wurde! Ausgerechnet dann kann mein Mann doch nicht die Wohnung auf den Kopf stellen? Hat der sie noch alle? Liebt er seine Tochter eigentlich überhaupt? Weiß der nicht, dass auch große Kinder noch Nestwärme brauchen? Ist das nicht ein ganz und gar schrecklicher Egomane? Wie konnte ich mich nur jemals auf diesen Kerl einlassen und mit ihm Kinder kriegen? Sollte ich in meinem Alter nicht klug genug sein, meine Zeit nicht mehr mit einem Mann zu verplempern, der nicht einmal seine emotional tief gestrandete Tochter auffangen kann oder will? Beim Blick auf den Balkon nach seinem Baumarkt-Shopping denke ich: Mit was für einem psychischen Krüppel habe ich eigentlich mein Leben bisher verbracht?

Ich muss husten, die Zigarette schmeckt mir nicht wirklich.

Und überhaupt: Welcher Mann auf der Welt ist es wert, mit dem Rauchen zu beginnen? Eben! Keiner!

»Übrigens.« Alex steht plötzlich hinter mir auf dem Balkon im Mondlicht. »Wundere dich nicht darüber, dass ich hier alles für die Renovierung zwischengelagert habe. Ich wollte nicht, dass es so in der Wohnung herumsteht. Ich mein, Eva kommt ja morgen für wohl eine Weile zurück. Da soll sie sich daheim fühlen und alles möglichst so sein wie immer. Zugleich dachte ich mir, dass sie nicht so trostlos in ihrem Zimmer herumhocken und bloß ihrem Liebeskummer nachhängen soll. Du weißt doch, wie gerne sie handwerkelt. Da dachte ich, es wäre eine gute Gelegenheit, das mit dem Parkett jetzt in Angriff zu nehmen, ich hatte das ja schon so lange vor. Eva wird mir bestimmt gerne dabei helfen. Und diese Arbeit wird sie ablenken.«

Halleluja!

Hat schon mal jemand auf der Welt festgestellt, wie unterschiedlich Männer und Frauen sind? Ach, bestimmt noch niemand! Und ich werde nie wieder sagen: Wer Männer versteht, kann auch durch null teilen!

Erleichtert drücke ich die ekelige Zigarette aus und falle Alex in die Arme.

Monika Bittl • Silke Neumayer

Ich hatte mich jünger in Erinnerung

Lesebotox für die Frau ab 40

Morgens im Bad schaut uns aus dem Spiegel eine Frau an, die wir irgendwie jünger in Erinnerung hatten. Mittags huschen wir zum Optiker, um eine Lesebrille zu erstehen – die wir nur von unseren Omas kannten. Und abends im Biergarten ist plötzlich irgendetwas anders: Für die jüngeren Männer scheinen wir unsichtbar geworden zu sein. Älterwerden ist scheußlich und wunderbar zugleich. Es kommt nur auf die Perspektive an! Man kann es tragisch sehen oder komisch. Monika Bittl und Silke Neumayer haben sich für den Humor entschieden und bekämpfen die kleinen Einbrüche mit den besten Waffen der Frauen: der Selbstironie und dem Lachen über sich selbst.

Ein augenzwinkerndes Buch über das Älterwerden – das perfekte Geschenk für die beste Freundin.

»Das Buch ist zum Niederknien komisch.«
Hallo München

Monika Bittl

Ohne meinen Mann wär ich glücklich verheiratet

Lesewellness für die Frau mit Anhang

Sind wir erst mal ein paar Jahre verheiratet, wird der Alltag manchmal – sagen wir so: zur Herausforderung. Nicht nur treten die Schrullen der Ehepartner immer deutlicher zutage, auch ist mittlerweile klar, welche noch so banalen Situationen unweigerlich zum Streit führen – und sei es die Frage, ob in der Kühlschranktür die Milchpackung links oder rechts stehen sollte.

In herrlich unterhaltsamen Alltagsgeschichten beleuchtet Monika Bittl die liebenswerten wie die absurden Seiten, die eine Partnerschaft mit sich bringt. Ob der häufigere Scheidungsgrund eine Affäre oder die ewig herumliegenden dreckigen Socken des Partners sind, wird hier letztgültig geklärt – und natürlich die Formel für eine lange und glückliche Ehe gefunden!

»Ein großartiger Selbsterfahrungsratgeber,
der zeigt, wie wir über Ehekrisen auch mal lachen
können. Herrlich ehrlich.«
FÜR SIE